《新基建与数据治理法治化》一书受到天津市教委社会科学研究重大项目"天津市人工智能产业发展的经济法治保障研究(2019JWZD20)"和教育部人文社会科学重点研究基地重大项目"全球数据竞争中人权基准的考量与促进研究(19JJD820009)"的资助

互联网法治文丛

陈兵　总主编

新基建
与数据治理
法治化

陈兵　著

人民出版社

序:新基建发展离不开数据治理法治化

  "新基建"是适应数字经济时代发展要求的数字化基础设施建设,核心在于传统产业的数字化转型,传统基础设施的数字化改造和升级。随着数字经济向纵深发展,以5G、人工智能、大数据中心、工业互联网为代表的新型基础设施,也与各行各业深度融合,突破供需时空限制、产业行业边界,优化配置要素资源,有效拓展数据应用的广度和深度,提升以数字化和智能化为支撑的跨行业、多空间的产业集群效能,其战略发展目标不仅聚焦国内经济发展的数字化升级与产业化迭代,更在于以新基建为依托和抓手,推动"一带一路"倡议的走深做实,为打造人类命运共同体提供高效能的基础保障,努力立足新发展阶段、践行新发展理念、建设新发展格局。

  "新基建"不仅是强化数字经济发展的基础保障,也是推进数字经济增长的重要引擎和动能。具体而言,一方面,工业互联网、5G基站、数据中心、特高压、智能轨道交通等基础设施是大数据创新发展的重要载体,并为数据要素提供物质基础和应用场景,没有支撑实体经济运行的各种数字化基础设施,数据要素无法独立存在。全面推进新基建建设能够促使我国的经济发展模式由资本、土地、劳动力等要素驱动向以数据为核心的新型生产要素驱动转变。另一方面,作为新基建建设和发展的核心原料,数据可对机器、设备等人工智能载体进行充分赋能,令其获得更加强大的识别、学习、计算和写作能力,实现设备、产品、服务、应用场景及用户间的泛在连接与数据流动,从而大幅提升生产效率、优化生产力。为此,有必要围绕数据运行全周期的各个环节,针对新基建设和发展过程中的数据治理法治化的各项要点,包括数据权属治理、数据竞争治理、数据绿色治理、数据跨境流动和数据安全治理等方面展开系统深入的研讨,以期为我国新基建事业持续健康发展提供制度保障与智力支持。

为了更好地阐述新基建建设与发展同数据治理之间的关系,本书从以下几方面做了具体论述。首先,阐发"新基建与数据法治的一般理论"的内涵与范畴,以此为基点搭建新基建建设与数据治理法治化推进之间的正相关反馈,即新基建的发展需要以数据治理法治化为保障,也为数据治理法治化发展提供了现实基础和运行场景,同时数据治理法治化的推进也有利于新基建更好地展开,两者相互支持,融合发展。简言之,前者提出建设需求,提供运行场景,后者以前者需求为导向,并在前者提供的各项场景下不断修正和完善。新基建贯穿影响数据收集、加工、应用的全过程,新基建本身需要数据的支持,新基建所推动的数字经济的发展也需要数据的支持,因此,新基建时代呼唤更加完善的数据法治。数据法治要求对数据进行全方位、立体化的法治体系建设,治理的内容囊括数据的采集获取、数据的加工使用、数据的流通共享等各层面,可涉及个人信息保护、政府数据的合理公开与共享、数据权属等诸多法律问题。

其次,抓住"新基建与数据权属治理法治化"这一关键基点,以对数据权属问题的国内外比较研究为切口,探讨我国新基建建设中数据权属机制的设立模式及其科学性、合理性及合法性基础。该部分主要介绍了新基建与数据法治的内涵与联系。数据资源已成为当前数字经济蓬勃发展的关键生产要素,并成为推动我国经济高质量增长的核心动能。数据资源能否得到有效开发与应用事关全局的系统性深层次变革与新型基础设施建设的有效开展,也关乎"十四五"开篇布局和第二个百年奋斗目标的实现。合理的数据权益分配是数据有效开发与应用的前提,能够充分激发数据要素生产各环节主体的创新创造动力。伴随数据价值的日益凸显,数据权属纠纷也愈演愈烈。当前正值新型基础设施建设的关键期和节点期,但目前数据权属尚无明确定义,虽然我国《中华人民共和国民法典》赋予数据以法律上的财产属性,但其所有权、使用权等权利及其归属尚未被明确认同和界定,国际社会也未形成共识和规则,因此有必要明晰数据权属的内涵及发展,以及数据权属的实践及研究现状,并以此为基点提出相应的理论及实践建议,回应数据权属相关争议。

当前,数据资源不仅成为互联网企业的核心资产和重要竞争力,其价值和功能也越发彰显于产业发展、社会治理、国家安全等公共领域,数据的私益属性和公益属性开始高度融合。在数据价值从私人领域迈入公共领域的过程中,数据类型和数据应用场景不断丰富,不同类型数据承载着不同主体的权益主张,同一类数据也可能承载不同主体的权益诉求,因而,不同属性和类型的数据在法律特征、权益内容、共享方式及保护路径等方面也有所区别。换言之,如何明晰数字经济多维场景下不同属性和类型的数据开发利用之行为边界,在促进数据资源的高效流通和数据价值的深度挖掘的同时,科学平衡和关照数据所承载的公共利益与私人利益、数据财产利益与人格利益等多元利益,构建安全高效、同步同频的数据保护和数据流通方案,其前提和核心在于区分数据类型及其功能实现场景的基础上,科学合理地界定不同属性和不同类型数据在多维数据场景下的权益内涵、特征和具体内容。故此,提出以数据安全高效规范的流通和使用为原则,引入"数据应用场景"标准进行科学合理的数据分级分类,构建数据权益的动态场景化保护机制,推动数据保护从民法私权逻辑扩容至社会法视阈下多元价值的动态场景化保护。

再次,以"新基建与数据竞争治理法治化"为题,探讨在新基建建设中数据要素市场上可能出现或已然出现的损害市场正常竞争秩序,排除、限制、妨碍数据要素自由公平流动的行为模式及现实或潜在危害。现代竞争法律制度的基本出发点是建立和维护公平自由的竞争秩序,其基础在于确保有效竞争的实现,其影响因素有三:企业(经营者)行为、市场结构和国家(政府)干预。数字经济和产业的纵深发展及全面展开催生数据要素市场的蓬勃发展,成为数据价值实现和经济转型升级的关键。加快推进数据要素市场建设离不开市场竞争机制基础性作用的发挥。目前,我国数据要素市场公平自由竞争生态的构建在这三个层面主要面临以下问题:在企业(经营者)层面,新型不正当竞争和垄断行为不断冲击现有竞争法律制度;在市场结构层面,区域数据交易平台分立导致市场壁垒的产生;在国家(政府)层面,行政权力的不当干预滋生行政性垄断风险。

故此,应针对三方面制度存在的问题,对症下药,促进数据要素市场良性竞争生态系统的建立。通过推进不正当竞争行为的认定标准以及垄断行为的相关市场界定和反竞争效果评估体系的完善、加快建设国内统一的数据要素市场以及加强公平竞争审查和政府数据开放,实现数据要素市场多维度系统性的竞争制度优化,推动竞争法治的"数字化升级",平衡企业与市场、中央和地方、东部与西部等主体和地区之间的利益分配,提升数据要素市场运行的效率和安全,为数据要素市场的高质量发展提供竞争机制保障,进而为国内经济大循环、国内国际经济双循环的新发展格局提供可靠的战略支点。

复次,关注"新基建与数据绿色治理法治化"主题,强调在数据要素市场激烈竞争的新发展格局下,实现数据要素的绿色发展及其法治化,提高数据的利用效能,促进数据资源的高效循环,在节能的同时,提升数据特别是大数据集的可读性,将"旧基建"场景下的绿色发展要求予以扩容,以更好适应"新基建"发展,即从物理(单一)空间的绿色发展转向包含物理与虚拟空间在内的二次元或多次元空间的系统绿色发展。长久以来,各国经济发展所伴生的气体、水体、固体废弃物令生态环境不断恶化、发生自然灾害频次激增,加之化石燃料和稀有资源的争夺始终威胁着世界和平与安全,对传统生产模式进行全面革新已是刻不容缓、大势所趋。尤其在2020年年初世界各地相继暴发新型冠状病毒肺炎疫情后,人类与自然环境间的紧张关系成为该病毒得以流行的重要原因之一。故此,党和国家在疫情渐缓、复工复产的重要节点大力倡导"新基建"建设,不仅是希望通过其优化产业格局、平衡市场供需、保障民生就业,更是立足于人与自然和谐共生的长远考量。可以说,数字化生产生活的"无接触"特性在当下是疫情防控常态化的必然选择,同时对国民经济进行清洁化、绿色化、协调化的升级革新更是未来我国健康、可持续发展的必由之路。

绿色治理是一种相对先进的文化观念,囊括了环境意识和环境理念以及由此形成的生态文明观和文明发展观,是一种人与自然协调发展、和谐共进,能使人类实现可持续发展的文化,它以崇尚自然、保护环境、促进资源永续利用为基本特征。党中央反复强调在"绿色"新发展理念下,崇尚自然、保护环境、促进资源永续利用和社会协调发展,是克服传统工业文明种种弊端的必然选择。弘扬和培育绿色理念可以使企业生产者能够全面认识企业生产经营的环境义务和责任,从而将绿色理念内化为自觉意识,使他们在选择生产经营方式时,选择更加有利于节约资源和保护环境的绿色生产模式,将生产经营对环境的负面影响降到最低,使生产行为与社会和环境更加协调。因此,国家未来应当加大力度围绕数据治理相关议题,逐步构建绿色制度,以此响应和匹配人们对绿色生产方式和生活方式的需求与认知,夯实国民经济循环、健康、可持续发展的绿色基石。

又次,重视"新基建与数据跨境流动治理法治化"的关系,明确定位"新基建"并非仅聚焦于我国国境内的以数字数据技术和人工智能产业为核心的国内经济技术项目,而是辐射全球,以"一带一路"倡议为抓手,以建设人类命运共同体为远景目标的全球社会战略项目,为此数据要素的跨境流动将为新基建的健康发展带来不可忽视的影响。数据的价值在流动当中才能体现,尤其是全球范围内的数据跨境流动成为降低交易成本、促进信息交流的重要方式。全球化进程发展至今已然形成各国经贸活动高度融合的局面,合作才是共克时艰、稳定国际经济大局的必由之路。为了持续推进开放发展,加强互联互通、数据跨境流动是各项活动开展的"原始驱动力",无论是各类信息技术活动还是跨境电商等国际经贸往来,均需要大量跨境数据持续供能,因此在保障数据安全的基础上谋求发展才是长久之计。

因此,在数据跨境流动的相关国际规则尚未全面建立并推广之时,亟待从国内立法和监管体系的完善着眼,在保障数据安全的基础上以数据分类分级制度的建立以及事前监管措施的补强为拓展,同时,在我国制度构建的过程中为与国际规则的衔接预留好制度接口,进行数据跨境流动的区域化合作及多边合作框架搭建的尝试,并针对跨国企业在遭受数据合规难题以及歧视性待遇等问题时提供指引和支持,在构建和完善本国的数据跨境流动治理体系的基础上,建立因应我国数字经济发展需求的国际数据跨境流动话语体系。

最后,夯实"新基建与数据安全发展法治化"的基础,统筹发展与安全的关系,形象地描述新基建的建设与发展是"建在云上""行在云中",其对数据安全的依赖怎么强调都不算过分,没有了数据安全,新基建犹如无根之木、无源之水,无法行稳致远,更谈不上进而有为。"新基建"孕育着巨大的发展空间,为各行各业培育新动能,释放发展潜力,随着新基建浪潮的扩展,数据开始呈海量爆发式增长,数据形态更加多样化,数据应用场景亦更加多元化,潜藏其中的数据危机也衍生出新一轮的网络安全挑战。勒索病毒周期性爆发、微盟删库事件等暴露出包括数据库安全、IT运维等方面在内的各种内外部安全风险，为"数字基建"的展开敲响了警钟。新基建的科学有效发展，有赖于数据的赋能，而要充分发挥数据对新基建的正向促进作用，就需要加强数据安全治理，通过建设可靠的数据安全治理体系以保障新基建战略的科学高效实施。

数据安全不仅牵涉个体权益，同时关系社会整体利益；不仅是国内建设所面临的重大问题，也是当前国际竞争与合作的重要组成部分。因此，必须不断深化对数据安全的认识，更新数据治理理念，加强顶层设计，完善相关立法，填补制度漏洞。应从数据安全治理的私益与公益动态平衡、国内国际两个大局兼顾的基础出发，补齐多元主体共治机制"短板"，针对数据生命周期各环节制定差异化安全保障策略，加强跨境数据安全保护，从而加快构建科学合理、高效有序、完整统一的数据安全治理体系，为我国数字经济和产业市场化、规范化、国际化的发展提供有力的制度保障。

我国目前正处于百年未有之大变局的关键节点，作为国家推动"大变局"之下经济持续健康发展的基础设施与核心抓手，新基建代表着国内国际经济社会改革情势的新方向，象征着新旧发展动能转换与社会治理转变的新思路，塑造着国家治理架构、理念、原则、方法优化升级的新基础。在此进程中，数据治理法治化既是产业结构调整必需之制度保障，也是社会治理有序运行必需之制度规范。正所谓"无规矩不成方圆"，缺少制度约束的治理优化是极度危险的，故以数据为中心的新基建发展离不开数据治理法治化。

值得提醒的是，我们正处在一个"法治之治"与"代码之治"交融与争斗的时代，由数据特别是大数据"喂养"的算法，正在形成算法的社会，规则算法不断挑战社会治理的传统理念与方法，特别是在全球新冠肺炎疫情的加持下，由数据和算法支撑下的"代码之治"正经由各大超级平台实现对全球经济社会的治理与控制，新基建的建设与发展无疑会加剧或者优化这类"代码之治"，这一过程可能走向光明未来，也可能跌入无尽深渊。毫无疑问的是，我们需要以数据为中心的新基建的健康发展来满足人民群众对美好生活的需求，同时，也要警惕和规范新基建过程中数据治理环节的各类风险和新兴权益，在遵循科技向善和激励创新发展的主基调下，框定数据治理的边界，以法治为底线，做好多元共治，不仅是主体的多元，更强调方法、手段的多元，特别是在协同

"法治规则"与"代码规则"的制定与施行时,可以考虑将科技治理融入法治过程,将代码规则写入法律规则,做好两者的统合。

总体而言,拙作虽然紧紧围绕数据运行全周期展开探讨,对新基建建设与发展中的数据治理法治化的各个要点问题,以及相应对策和方案做了较为详细的阐发与探究,但是仍然存在诸多不足之处,特别是在新基建建设起步不久,以数据为中心的新基建的各项事业的运行场景及相关技术的发展也处在不断迭代之中,很多具体问题还未完全展现,相关立法正处在密集出台和修订的重要关口,对问题的类型化与问题原因的探析难免存在偏差,由此所提出的建议和意见未免过于粗陋甚或出现错漏。基于此,本书只求能够在一定程度上回应关于新基建发展过程中有关数据治理方面的法治挑战。当然,如果拙作能够有益于新基建发展及其相关领域的数据治理法治问题的解决,便实属意外之喜了。

凡是研究必耗费巨力,本书也不例外。自立项以来,迄今已一年有余,其间数易其稿,得益于很多师长、学友的帮助。然而,囿于实践场景的不充分和理论研究的待深入,拙作无可避免地存在某些理论瑕疵甚或谬误,以及在制度构建上的弊端甚或风险,敬请各位读者批评指正。

是为序!

陈　兵

2021 年 8 月 4 日星期三

于长春　太阳世家寓所

目　录

第一章　新基建与数据法治的一般理论

新基建是以新发展理念为引领,以技术创新为驱动,以信息网络为基础,面向高质量发展需要,提供数字转型、智能升级、融合创新等服务的基础设施体系。"新基建"概念来源于2018年12月中央经济工作会议,此次会议重新定义基础设施建设,提出"加强人工智能、工业互联网、物联网等新型基础设施建设",随后"加强新一代信息基础设施建设"被列入2019年政府工作报告。2019年7月30日,中共中央政治局会议提出"加快推进信息网络等新型基础设施建设"。2020年1月3日,国务院常务会议提出"大力发展先进制造业,出台信息网络等新型基础设施投资支持政策,推进智能、绿色制造"。2020年2月14日,中央全面深化改革委员会第十二次会议指出,"基础设施是经济社会发展的重要支撑,要以整体优化、协同融合为导向,统筹存量和增量、传统和新型基础设施发展,打造集约高效、经济适用、智能绿色、安全可靠的现代化基础设施体系"。2020年3月4日,中共中央政治局常务委员会会议强调"要加大公共卫生服务、应急物资保障领域投入,加快5G网络、数据中心等新型基础设施建设进度"。2020年4月20日,国家发改委首次明确新基建范围,提出"以新发展理念为引领、以技术创新为驱动、以信息网络为基础,面向高质量发展的需要,打造产业的升级、融合、创新的基础设施体系"的目标。

与传统基础设施相比,"新基建"内涵更加丰富,涵盖领域更广,包括5G基建、特高压、城际高速铁路和轨道交通、新能源充电桩、大数据中心、人工智能、工业互联网。"新基建"更能体现数字经济特征,满足数字产业发展,更好推动中国经济转型升级。尤其在疫情防控期间,我国积极利用大数据、物联网、人工智能等数字技术,实现从远程医疗到物资配送,从社区管控到人员监测,从线上学习到复工复产等各领域全方位的突发公共卫生事件应急管控。其中,新基建正是在线办公、在线教育、远程医疗、无人快递、无人驾驶、万物互联、工业自动化等行业发展的重要基础支撑。应该说,新基建在我国优化投资结构、稳定经济增长、促进国民消费等方面发挥了重要作用,因此,面对"后疫情"时期国家疫情防控和经济社会发展的现实需求,无论是从短期还是长期发展来看,以信息基础设施、融合基础设施和创新基础设施为代表的新型基础设施建设,正在成为国家实现经济平稳有序发展的重要抓手。习近平总书记指出,基础设施是经济社会发展的重要支撑,要以整体优化、协同融合为导向,统筹存量和增量、传统和新型基础设施发展,打造集约高效、经济适用、智能绿色、安全可靠的现代化基础设施体系。"十四五"规划和2035年远景目标纲要亦对此作出了专门部署。

第一节　新基建的基本内容

新基建是智慧经济时代政府为贯彻新发展理念,适应和推动经济社会生态化、数字化、智能化转型,实现国家治理体系和治理能力现代化的重要内容。新基建的内涵主要包括三个方面(见表1-1):一是信息基础设施,主要指基于新一代信息技术演化生成的基础设施,比如以5G、物联网、工业互联网、卫星互联网为代表的通信网络基础设施,以人工智能、云计算、区块链等为代表的新技术基础设施,以数据中心、智能计算中心为代表的算力基础设施等。二是融合基础设施,主要指深度应用互联网、大数据、人工智能等技术,支撑传统基础设施智能化转型升级,进而形成的融合基础设施,比如智能交通、智慧能源等基础设施。三是创新基础设施,主要指支撑科学研究、技术开发、产品研制的具有公益属性的基础设施,比如重大科技基础设施、科教基础设施、产业技术创新基础设施等。同时,新型基础设施的内涵、外延并非一成不变,未来将加强顶层设计。[①]

---

① 《国家发改委4月份例行新闻发布会》,中国网,2020年4月20日。

表 1-1 新基建的基本内容

信息基础设施	通信网络基础设施	5G	物联网
		工业互联网	卫星互联网
	新技术基础设施	人工智能	云计算	区块链
	算力基础设施	数据中心	智能计算中心
融合基础设施		智能交通基础设施	
		智慧能源基础设施	
创新基础设施		重大科技基础设施	科教基础设施
		产业技术创新基础设施	

资料来源:中国政府网。

一、信息基础设施

信息基础设施,主要是指基于新一代信息技术演化生成的基础设施,比如以 5G、物联网、工业互联网、卫星互联网为代表的通信网络基础设施,以人工智能、云计算、区块链等为代表的新技术基础设施,以数据中心、智能计算中心为代表的算力基础设施等。信息基础设施建设是新基建建设的核心。

"信息基础设施主要体现在'技术新'。"国家工业信息安全发展研究中心工业经济所副所长冯媛表示,5G、物联网、工业互联网、人工智能、云计算、大数据都是新一代信息技术,依托这些信息技术演化而成的,具备社会公共性、效果长期性、收益间接性的基础设施即信息基础设施。① 《中国电科新一代信息基础设施建设蓝皮书》指出,新一代信息基础设施是以围绕数据的感知、传输、连接、处理,并提供数据产品和智能化服务的基础设施,是建设网络强国、数字中国、智慧社会的关键支撑。其中,"物联、数联、智联"是新一代信息基础设施的本质,"物联"是物理域的数字连接,就是要人、机、物之间的连接向随遇接入、跨域覆盖、全息感知、全时在线发展,将人、流程、数据和事物结合一起使得网络连接变得更加相关、更有价值;"数联"是信息域的数字连接,就是要使数据共享交换起来、流动起来,信息之间的解耦和融合将极大丰富价值的交换和再生;"智联"是认知域的数字连接,就是要统一物理世界、信息世界、人的世界的描述方法,使之成为有机的整体,洞察、判断、决策和行动过程向着

① 韩鑫:《新基建如何加速落地》,《人民日报》2020 年 6 月 7 日。

深度智能体系化发展。①

当前,以云计算、大数据、物联网、人工智能、互联网等为代表的新一代信息通信技术与经济社会各领域、各行业深度融合和跨界融合,数字产业化与产业数字化、网络化、智能化交互进行,成为全球新一轮科技革命和产业变革的核心内容。新一代信息基础设施建设作为新一代信息通信技术的底层支柱与核心支撑,在调整经济结构、促进转型升级方面发挥着不可或缺的作用,主要体现在以下几个方面:

第一,新一代信息基础设施为推动国家产业数字化和数字产业化进程提供技术支撑。首先,从国家的顶层战略来看,2016 年 4 月 19 日召开的网络安全和信息化工作座谈会上,习近平总书记指出,要加强信息基础设施建设,强化信息资源深度融合,打通经济社会发展的信息"大动脉"。2018 年 12 月,国家发改委、工信部组织实施推进 2019 年新一代信息基础设施建设工程。2020 年 1 月 3 日,国务院常务会议提及出台信息网络等新型基础设施投资支持政策,推进智能、绿色制造。可见,新一代信息基础设施建设已成为国家当前促进经济发展而推进的重大项目。其次,从产业的发展现状来看,《中共中央关于制定国民经济和社会发展第十四个五年规划和二〇三五年远景目标的建议》提出推动数字经济和实体经济深度融合。当前,我国经济已由高速增长阶段向高质量发展阶段转变,在新一代信息技术的推动下,我国形成了丰富的数字经济新业态,比如网购、在线教育、在线医疗等。中国信通院发布的《中国数字经济发展白皮书(2020 年)》显示,2019 年中国数字经济增加值规模达到 35.8 万亿元,占 GDP 比重达 36.2%,按照可比口径计算,2019 年中国数字经济名义增长 15.6%,高于同期 GDP 名义增速约 7.85 个百分点。② 因此,不论是从保障数字经济安全还是促进数字经济发展层面来看,加强新一代信息基础设施建设都不可或缺。

第二,新一代信息基础设施为重构全球价值链体系提供关键驱动力。全

---

① 中国电子科技集团有限公司:《中国电科新一代信息基础设施建设蓝皮书》,2020 年 8 月 27 日。

② 中国信通院:《中国数字经济发展白皮书(2020 年)》,2020 年 7 月 3 日。

球价值链是指为实现商品或服务价值而连接生产、销售、回收处理等过程的全球性跨企业网络组织,涉及从原料采购和运输,半成品和成品的生产和分销,直至最终消费和回收处理的整个过程。① 20 世纪 70 年代以来,科学技术的进步和生产力的发展尤其是信息技术的发展以及各国经济体制的变革,打破了地域乃至国家的限制,大大促进了各种生产要素在全球的流动和国际间分工,推动了经济全球化的迅速发展。20 世纪 90 年代以来,经济全球化趋势进一步加强,一些跨国公司利用信息技术优势在全球范围内进行生产布局,形成了关于某一特定产品的不同生产环节分散到不同的国家或地区的全球化的价值链条。与此同时,世界各国也开始纷纷加快在信息基础设施方面的布局,美国于 1993 年 9 月正式宣布"国家信息基础设施"(National Information Infrastructure,NII)计划。2008 年国际金融危机以及当前全球性的疫情,使经济全球化(全球运输与通信成本下降)与各国(或地区)(贸易壁垒)的保护主义矛盾不断凸显,随着经济全球化的不断推进和产品内分工的不断深化,全球价值链开始重新"洗牌",价值链在全球范围内不断分解、不断整合。② 当前,大数据、云计算、物联网、人工智能、互联网等新一代信息技术发展迅猛,正在成为全球价值链重构的关键驱动力。在经济全球化时代,融入全球分工体系,是避免在全球化进程中被边缘化的前提条件。③ 因此,未来谁拥有了新一代信息基础设施,谁就掌握了全球价值链的关键驱动力和全球竞争的话语权。

二、融合基础设施

融合基础设施,主要是指深度应用互联网、大数据、人工智能等技术,支撑传统基础设施转型升级,进而形成的融合基础设施,比如智能交通基础设施、智慧能源基础设施。融合基础设施是新基建建设的重点。

融合基础设施在以互联网、大数据、人工智能为代表的新一代信息技术赋

---

① UNIDO, *Industrial Development Report* 2002/2003: *Competing through Innovation and Learning*, United Nations Industrial Development Organization, 2002.

② 屠年松、易泽华:《价值链重构研究综述》,《管理现代化》2018 年第 1 期。

③ 张辉:《全球价值链动力机制与产业发展策略》,《中国工业经济》2006 年第 1 期。

能下,将是推动传统基础设施数字化、智能化改造升级,实现传统基础设施高质量发展的必然路径,对我国全面持续推动和深化各行业各领域数字化转型,充分发挥数字经济在经济社会中的新引擎作用具有重大意义。从目前国家发改委对新基建"融合基础设施"的描述来看,融合基础设施主要包括两方面:智能交通基础设施和智慧能源基础设施。

智能交通基础设施,即交通基础设施的智能化改造或建设,包括智能化道路、交通管控平台、广泛覆盖的车用无线通信网络、车用高精度时空基准服务能力等内容。2020年8月,交通运输部印发《关于推动交通运输领域新型基础设施建设的指导意见》(以下简称《指导意见》)①,贯彻落实党中央、国务院决策部署,围绕加快建设交通强国总体目标,以技术创新为驱动,以数字化、网络化、智能化为主线,以促进交通运输提效能、扩功能、增动能为导向,推动交通基础设施数字转型、智能升级,建设便捷顺畅、经济高效、绿色集约、智能先进、安全可靠的交通运输领域新型基础设施。《指导意见》提出,打造智慧公路、智能铁路、智慧航道、智慧港口、智慧民航、智慧邮政、智慧枢纽,推进新能源新材料行业应用,到2035年,交通运输领域新型基础设施建设取得显著成效。在新一代信息技术深度赋能下,交通基础设施能够实现精准感知、精确分析、精细管理和精心服务能力的全面提升,成为加快建设交通强国的有力支撑。

智慧能源基础设施,即能源基础设施的智能化改造或建设,包括电动汽车充电基础设施、智能能耗监测系统、清洁能源电力新型基础设施建设等。利用新一代信息技术为能源基础设施赋能,推动信息基础设施与能源设施深入融合,能够全面提升能源基础设施的感知能力、互动水平、运行效率,推动构建共享开放的能源互联网体系建设。具体而言,可从以下几方面入手:第一,推动电力物联网建设,完善城市电能"一张网";第二,推进智慧能源系统一体化建设,例如城市供能设施一体化、水电一体化等;第三,加快建设智慧能耗监测系统;第四,加快清洁能源电力基础设施建设,推动核能、风能、太阳能等清洁能源的使用。

---

① 《交通运输部关于推动交通运输领域新型基础设施建设的指导意见》,中国政府网,2020年8月3日。

当然,随着新基建内涵与外延的不断拓展,融合基础设施的范围也将扩大。例如智慧市政基础设施建设,包括但不限于数字孪生城市建设、建筑工程项目全过程信息化管理平台建设、城市桥梁楼宇智慧化改造、智能水系调度工程、智能应急综合管理平台等。但融合基础设施建设的本质就是传统行业在新一代信息技术加持下所进行的融合与改造,最终目的是构建支撑数字化、智能化基础设施为基底的产业发展新生态,从而实现加速推进新技术的应用、新模式的孵化、新业态的涌现。①

三、创新基础设施

创新基础设施即是为创新活动提供便利条件,这些条件是创新活动必需而不可能由企业自行解决的基本条件,主要是指支撑科学研究、技术开发、产品研制的具有公益属性的基础设施,比如重大科技基础设施、科教基础设施、产业技术创新基础设施等。创新基础设施是新基建建设的关键。

创新是一个民族进步的灵魂,是一个国家兴旺发达的不竭动力。在激烈的国际竞争中,唯创新者进,唯创新者强,唯创新者胜。只有拥有创新精神的国家,才能让自己立于世界强国之林。创新能够推动社会生产力的发展,推动生产关系和社会制度的变革,推动人类文明发展与进步。总之,创新与国家发展息息相关,创新基础设施建设与国家科技强国建设休戚相关。实现世界科技强国的目标,必须将创新基础设施作为新基建建设的关键,着力推进重大科技基础设施,系统布局产业技术创新基础设施,持续建设产学研基础设施,形成多元引领,人才、技术、资本集聚的创新基础新生态。

重大科技基础设施集中体现了当代科学技术发展的最高水平,是国家抢占科技制高点、引领重要科技领域、开拓新兴交叉领域、突破关键核心技术、催生高新技术、开辟新的经济增长点必不可少的基础条件,在一定程度上代表国家科技水平、创新能力和综合实力,是世界科技强国的重要标志。2015 年 10 月 26 日,习近平总书记在《关于〈中共中央关于制定国民经济和社会发展第十三个五年规划的建议〉的说明》中强调,提高创新能力,必须夯实自主创新

① 刘佳:《融合基础设施让"传统"走向"智慧"》,《中国城乡金融报》2020 年 6 月 4 日。

的物质技术基础,加快建设以国家实验室为引领的创新基础平台;《中华人民共和国国民经济和社会发展第十三个五年规划纲要》将加快国家重大科技基础设施建设作为提升创新基础能力的重要方面。

产业技术创新基础设施是指支撑产业技术创新的一系列基础设施的总和。产业技术创新是指以市场为导向,以企业技术创新为基础,以提高产业竞争力为目标,以技术创新在企业与企业、产业与产业之间的扩散为重点过程的从新产品或新工艺设想的产生,经过技术的开发(或引进、消化吸收)、生产、商业化到产业化整个过程一系列活动的总和。产业技术创新可以提高物质生产要素的利用率,降低生产成本,同时有助于推动科技创新成果转化为现实生产力,更好地促进国家经济发展。当前,产业互联网正成为下一个重要的市场增长点及发展主旋律,因此,有必要加大产业技术创新基础设施建设,为产业技术创新筑牢基础,构建新技术创新发展的坚实底座,推动创新动力、创业活力、创造实力充分涌动。

随着技术创新成为商业竞争的关键,越来越多的企业开始追求产业共性技术或前沿技术,使探索性研究及需求导向研究紧密结合,为大学的靠近知识前沿优势与企业的贴近市场及系统化资源优势之间的协同创造了条件。① 积极推动企业、大学及科研院所之间的深度合作与协同发展,强化产学研协同发展及创新,不断培育发展新动能,也成为建设创新型国家的关键。产学研基础设施建设与现实需求高度吻合,无论是从现实还是未来,着力推进企业、大学及科研院所的深度合作与协同发展,都会对基础研究和应用基础研究、前沿科技探索、企业科技创新和成果转化、国际科技合作等方面产生积极的推动作用。

第二节　新基建的核心支撑

新基建为新冠肺炎疫情常态化防控提供了有效的技术保障和物质支持,同时在全球经济下行趋势明显的环境下,为我国实现国内、国际双循环,经济

---

① 张玉臣:《构建协同创新的管理体制》,《科技日报》2011 年 10 月 17 日。

的持续健康发展提供了重要动力,也为我国在关键技术领域保持核心竞争优势提供了有效保障。2020 年 7 月 16 日国家统计局新闻发言人就 2020 年上半年国民经济运行情况答记者问时指出,我国新兴领域动能增强,"新基建"的相关产品增长比较快。2020 年 10 月 19 日,国新办举行 2020 年前三季度国民经济运行情况新闻发布会进一步指出,5G 建设、大数据、轨道交通等新基建、新消费的带动作用也在增强。截至 2020 年年底,全国 5G 基站数量已超过 70 万,活跃用户数约 2 亿人。中国的大数据产业规模也已经达到 6670.2 亿元,智能终端、大数据平台、数据可视化等成为大数据企业重点布局的领域。中国交通运输部对外发布了 2020 年城市轨道交通运营数据,全国(不含港澳台)共有 44 个城市开通运营城市轨道交通线路 233 条,运营里程 7545.5 公里,车站 4660 座,实际开行列车 2528 万列次。新基建正成为我国建设数字中国、网络强国、智慧社会、实现可持续发展目标的国之重器。

一、数据

新基建涵盖了众多的数字化基础设施,如以云计算、人工智能、工业互联网、5G、物联网、数据中心、智能计算中心等为代表的信息基础设施,以智能交通、智慧能源为代表的融合基础设施。新基建的本质在于构建数字化、智能化、网络化的基础设施体系。由此看来,新基建的核心在于数据。具体表现为如下两方面:

第一,新基建为海量数据的诞生及价值发挥赋能与护航。当前数字化浪潮席卷全球,数据呈爆发式增长。根据国际咨询机构 IDC 的预测,到 2025 年智能终端数量将达到 400 亿个,全球数据总量也将从 2020 年的 44 泽字节跃升到 175 泽字节,其中 30% 属于实时数据,75% 来自边缘和终端,而这些数据中,将会有 80% 的数据是非结构化数据。如此庞大的数据量以及可预见性的数据增长量,对数据存储与数据应用提出了新的挑战。2020 年 5 月 28 日,华为数据存储与机器视觉产品线总裁周跃峰在华为面向全球发布全新一代 OceanStor 存储 Pacific 系列产品发布会上表示:"海量数据在企业数字化转型中扮演着越来越重要的角色,然而当前只有 2% 的数据被保存,保存下来的数据只有 10% 得到分析利用,企业面临海量数据存不下、流不动、管不好的问题。"2020年3月30日,中共中央、国务院印发《关于构建更加完善的要素市场化配置体制机制的意见》,指出要"加快培育数据要素市场",作为与土地、劳动力、资本、技术等并列的生产要素,数据在经济社会发展中的作用越发重要,数字化转型的重要性、迫切性、必然性越发凸显。然而当前我国数据要素市场整体上还处于初期发展阶段,因此,新基建为数据赋能与护航的功能就显得尤为重要。如以云计算、5G、数据中心、智能计算中心等为代表的信息基础设施建设可以大大缩减数据存储的物理空间,提高数据传输的效率,节约能源与资源。云计算是指计算服务的提供(包括服务器、存储、数据库、网络、软件、分析和智能)通过网络"云"实现快速创新、弹性资源和规模经济。例如,云计算可以减少企业在购买硬件和软件以及设置和运行现场数据中心上的资金投入,并且能够以较低费用简化数据备份、灾难恢复和实现业务连续性,因为可以在云提供商网络中的多个冗余站点上对数据进行镜像处理。而以智能交通、智慧能源为代表的融合基础设施则可以进一步产生海量数据。从一定程度上来看,数据量越大,数据分析结果越精准,数据价值越高。正如维克托·迈尔·舍恩伯格在《大数据时代:生活、工作与思维的变革》一书中提到的,"纷繁的数据越多越好"。

第二,数据"反哺"新基建。数据最终的价值呈现一定是为应用服务的,人工智能和大数据分析技术的发展,驱动数据产生更多的应用价值。综观前三次工业革命,也都是以相应"基础设施"要素推动革命的进行。如第一次蒸汽革命中的铁路,第二次电力革命中的电网,第三次信息革命中的互联网。当前,由新一代信息技术引发的第四次工业革命,新型基础设施建设中的数据也开始成为全球产业竞争、投资布局的战略高地,一些巨型互联网企业开始布局"数据"战略,以数据为竞争起点。由此看来,数据之于新基建的重要性日益凸显。我们国家在今天这一历史性时刻,大力推进新型基础设施建设,凭借数据破局,既能发挥我国在顶层设计和集中建设方面的制度优势,又符合数字中国、智慧社会建设的战略需要,为我国数字经济发展奠定重要基础。根据中国互联网络信息中心发布的第47次《中国互联网络发展状况统计报告》①显示,

---

① 中国互联网络信息中心:《中国互联网络发展状况统计报告(2021)》,2021年2月3日。

截至 2020 年 12 月,我国网民规模达 9.89 亿人,较 2020 年 3 月增长 8540 万人,互联网普及率达 70.4%。2020 年,我国互联网行业在抵御新冠肺炎疫情和疫情常态化防控等方面发挥了积极作用,为我国成为全球唯一实现经济正增长的经济体、国内生产总值(GDP)首度突破 100 万亿元、圆满完成脱贫攻坚任务作出了重要贡献。

二、算力

算力,就是计算能力,由计算、存储及网络三项指标决定。它指代了人类对数据的处理能力,也集中代表了人类智慧的发展水平,算力正成为数字时代的生产力核心。[①]

算力是数字技术赋能产业的关键。伴随着新一轮科技革命和产业变革的持续深入发展,各行各业开启了全面数字化的进程,数字经济也开始广泛地影响其他经济领域,成为推动人类社会发生深刻变革的重要经济形态。根据 2021 年 1 月 21 日,瞭望智库联合莫干山研究院推出的《赋能数字经济　拥抱算力时代》课题研究报告显示,"数字经济的增长速度是普通经济的 3.5 倍,数字经济投资回报率更是非数字经济的 6.7 倍"。与此同时,算力作为评估以数字产业为驱动的国家经济发展水平的重要指标,也因数字经济持续深入发展过程中数据量的增大而面临前所未有的高强度需求,也即数据量的不断增加要求相应算力的增加,而算力的发展内驱力也取决于数据量的不断扩大。因此,算力成为数字经济发展的关键驱动力,算力的不断发展推动数字经济持续向前,数字经济进入以"算力"为核心支撑的新发展阶段。

习近平主席在 2018 年两院院士大会上的重要讲话指出,"世界正在进入以信息产业为主导的经济发展时期。我们要把握数字化、网络化、智能化融合发展的契机,以信息化、智能化为杠杆培育新动能。要突出先导性和支柱性,优先培育和大力发展一批战略性新兴产业集群,构建产业体系新支柱。要推进互联网、大数据、人工智能同实体经济深度融合,做大做强数字经济。要以智能制造为主攻方向推动产业技术变革和优化升级,推动制造业产业模式和

---

① 《瞭望》新闻周刊记者:《新计算时代的算力突围》,《瞭望》2021 年第 13 期。

企业形态根本性转变,以'鼎新'带动'革故',以增量带动存量,促进我国产业迈向全球价值链中高端"①。2020 年 3 月,国家发展改革委办公厅、工业和信息化部办公厅印发《关于组织实施 2020 年新型基础设施建设工程(宽带网络和 5G 领域)的通知》,指出将重点支持虚拟企业专网、智能电网、车联网等 7 大领域的 5G 创新应用提升工程,并对边缘计算(MEC)平台建设提出要求。2020 年 4 月,国家发展改革委明确新型基础设施范围,提出建设以数据中心、智能计算中心为代表的算力基础设施等,吸引地方积极布局计算产业。由此来看,算力的重要性首先得到了顶层设计的确认。

从我国当前的算力发展情况来看,我国算力产业发展的约束条件也显而易见,存在地区、产业与企业之间的发展不平衡。地区层面上,东部、中部地区算力发展较快,西部地区算力相对落后;产业层面上,异构性计算产业相对较弱;企业层面上,中小型企业算力发展整体不强。当前智慧计算需求呈指数级增长,未来将占据 80%以上的计算需求。疫情的蔓延进一步增加了全球经济的下行压力,但企业在云、大数据、AI 等新应用上的支出仍然呈现快速增长势头,线上业务、智能化应用的价值被进一步放大。智算中心是智慧时代最主要的计算力生产中心、供应中心,是未来的动力源,将在全球范围内发展和普及。智算中心能够以强大算力驱动 AI 模型对数据进行深度加工,源源不断产生各种智慧计算服务,支撑智慧城市、智能制造等各行业的智慧化转型,推动 AI 产业化加速向产业 AI 化迈进。

第三节　数据法治的内涵与外延

数字经济时代,以大数据、云计算、区块链、人工智能以及 5G 等为代表的信息与数字技术日新月异,并且与经济社会加速交汇融合,催生了海量数据,数据的价值也日益凸显。数据资源作为数字经济时代的核心生产要素,对经济发展、社会治理和政府管理产生深刻影响,也引发一系列新的法律问题,比如数据权属问题、数据竞争治理问题、数据绿色治理问题、数据跨境流动问题、

---

① 《习近平谈治国理政》第三卷,外文出版社 2020 年版,第 247 页。

数据安全问题等,因此迫切需要加快数据法治建设,支撑数字经济、数字政府和数字社会建设。

一、数据法治的内涵

法治是人类社会进入现代文明的重要标志。法治是人类政治文明的重要成果,是现代社会的一个基本框架,是一种贯彻法律至上、严格依法办事的治国原则和方式。它要求作为反映社会主体共同意志和根本利益的法律具有至高无上的权威,并在全社会得到有效的实施、普遍的遵守和有力的贯彻。法治实际上包含了许多层面的含义,既可以指一种治国的方略、社会调控方式,与人治相对立;又强调依法治国、法律至上,法律具有最高的地位;还指一种法律价值、法律精神,一种社会理想,通过这种治国的方式、原则和制度的实现而形成的一种社会状态。法治的目标是建立对权力的制约机制。法治的实现途径是从解决社会现实问题出发,从微观试验开始,实行上下结合的方式,使法治建设稳步、有序、健康地向前推进。

数据法治,是指建立与实现以数据为核心的法律体系及法治治理,主要包括两方面:一是静态的完善的数据法律体系,为数字经济健康稳定发展提供有效的制度供给;二是动态的数据法治治理过程。其中,数据是数据法治的核心,算力是数据法治的支撑,安全与发展是数据法治的原则。

我国数字经济发展日新月异,以信息技术与数字技术为代表的数字经济,近年来已经成为中国乃至世界经济发展的新引擎。《中华人民共和国国民经济和社会发展第十四个五年规划和2035年远景目标纲要》在第五篇中明确提出,要加快数字化发展,建设数字中国。习近平总书记强调指出,法治是国家治理体系和治理能力的重要依托。根据我国"十四五"规划要求,我们需要通过法治方式有效激活数据要素的潜能,打造数字经济新优势,在产业转型升级中实现数字技术与实体经济的深度融合,并通过数字化转型,实现从生产方式到生活方式乃至经济社会治理方式的深刻变革。加快数据法治建设是建立健全数据要素市场规则的必然选择,也是营造良好数字生态环境的必由之路。[①]

---

① 杜林:《我国数据法治建设需要加快提速》,《民主与法制周刊》2021年4月13日。

二、数据法治的外延

《中共中央关于制定国民经济和社会发展第十四个五年规划和二〇三五年远景目标的建议》亦在党中央、国务院印发的《关于构建更加完善的要素市场化配置体制机制的意见》基础上，围绕数据这一新型生产要素作出重要部署，为"十四五"时期我国数字经济加快发展指明了方向。不仅如此，我国在数据法治建设方面也在持续跟进，民商法、经济法、刑法等不同部门法均取得了引人注目的重要立法成果。

《中华人民共和国网络安全法》开宗明义指出："为了保障网络安全，维护网络空间主权和国家安全、社会公共利益，保护公民、法人和其他组织的合法权益，促进经济社会信息化健康发展，制定本法。"第七十七条规定："存储、处理涉及国家秘密信息的网络的运行安全保护，除应当遵守本法外，还应当遵守保密法律、行政法规的规定。"

《中华人民共和国消费者权益保护法》第二十九条第一款规定："经营者收集、使用消费者个人信息，应当遵循合法、正当、必要的原则，明示收集、使用信息的目的、方式和范围，并经消费者同意。经营者收集、使用消费者个人信息，应当公开其收集、使用规则，不得违反法律、法规的规定和双方的约定收集、使用信息。"该条第二款规定："经营者及其工作人员对收集的消费者个人信息必须严格保密，不得泄露、出售或者非法向他人提供。经营者应当采取技术措施和其他必要措施，确保信息安全，防止消费者个人信息泄露、丢失。在发生或者可能发生信息泄露、丢失的情况时，应当立即采取补救措施。"

《中华人民共和国电子商务法》鼓励发展电子商务新业态，创新商业模式，促进电子商务技术研发和推广应用，推进电子商务诚信体系建设，营造有利于电子商务创新发展的市场环境，充分发挥电子商务在推动高质量发展、满足人民日益增长的美好生活需要、构建开放型经济方面的重要作用。例如，第二十五条规定，"有关主管部门依照法律、行政法规的规定要求电子商务经营者提供有关电子商务数据信息的，电子商务经营者应当提供。有关主管部门应当采取必要措施保护电子商务经营者提供的数据信息的安全，并对其中的个人信息、隐私和商业秘密严格保密，不得泄露、出售或者非法向他人提供"。

2020年5月28日第十三届全国人民代表大会第三次会议通过《中华人民共和国民法典》,其中第一百一十一条"自然人的个人信息受法律保护。任何组织或者个人需要获取他人个人信息的,应当依法取得并确保信息安全,不得非法收集、使用、加工、传输他人个人信息,不得非法买卖、提供或者公开他人个人信息",明确了个人信息权;第一百二十七条"法律对数据、网络虚拟财产的保护有规定的,依照其规定",明确了数据的财产属性。

2020年12月26日第十三届全国人民代表大会常务委员会第二十四次会议审议通过《中华人民共和国刑法修正案(十一)》,增加"与数据有关"的相关条款,严厉打击出售、非法提供、窃取或者非法获取公民个人信息等新型犯罪行为。

2021年6月10日第十三届全国人民代表大会常务委员会第二十九次会议审议通过《中华人民共和国数据安全法》,成为数字经济时代实现数据法治的又一重要里程碑。

此外,一些行政法规、部门规章、地方性法规以及行业自律规定等,也进一步夯实了我国数据法治建设的法律基础。例如,上海、贵州、吉林、山东、山西、海南、天津等省市还分别出台了促进大数据发展应用条例和大数据安全保障条例,将政务(政府)数据、健康医疗数据等数据的共享开放与管理应用纳入地方立法中,依法确定了地方政府在数据治理中的治理主体责任。

三、新基建与数据法治

数据法治的实质是借由实现数据的法治,促进数据价值的发挥与数据安全的保障,进而实现国家治理、政府治理和社会治理的法治化,最终实现国家治理能力和治理体系的现代化。而新基建不仅是提振经济、抢抓科技和产业革命机遇、建设智慧社会的新引擎,而且是提升综合国力和国家治理能力现代化水平的关键力量。从这一层面来讲,新基建与数据法治密不可分。此外,数据是新基建的底层支撑,在以实现数据法治保障新基建建设,同时以新基建建设作为抓手促进数据法治的过程中,能够加快建立更加高效的数字法治社会,实现法治现代化,让每一个人、每一个组织、每一个场景都能享用到新基建带来的便捷。因此,新基建建设过程中产生的问题也逐渐演变为围绕数据所产生的数据治理问题。比如数据权属问题、数据竞争治理问题(数据垄断、数据滥用、数据流通等)、数据安全问题、跨境数据流动等问题。

"十三五"时期以来,我国新基建明显提速,一系列重大工程开始实施。2020年上半年,中央密集部署加快新基建进度,新基建获得前所未有的重视,多个重要领域取得积极进展。据中国信通院的数据,截至2020年6月底,5G终端连接数已超过6600万,三家基础电信企业已开通5G基站超40万个,建设速度和规模超出预期。培育形成500多个特色鲜明、能力多样的工业互联网平台。相继启动多个低轨卫星星座计划。2020年1月,我国民营航天企业发射低轨宽带试验卫星。2020年6月,我国在西昌卫星发射中心用长征三号乙运载火箭,成功发射北斗系统第55颗导航卫星,至此我国提前半年全面完成北斗三号全球卫星导航系统星座部署。工业互联网进入快速成长期,采矿、港口、钢铁、医疗、制造领域领先发展,全国具备一定行业、区域影响力的工业互联网平台超80个,连接工业设备数达6000万台套,40万家工业企业上云,40多个国民经济重点行业的智能化制造、网络化协同、个性化定制、服务化延伸、数字化研发和精益化管理新模式孕育兴起。随着数字经济的持续深入发展,人工智能、云计算、大数据、物联网等新一代信息技术基础设施与经济社会领域融合所引领的数字化转型成为我国新型基础设施战略坚实的技术基础。

当前,我国正处在百年未有之大变局的关键时期,新基建作为推动和促进大变局持续健康发展的核心设施和重要抓手,代表着新一轮全球经济社会改革与发展的方向,无论是经济发展换挡调速,新旧动能转换,走高质量发展之路,还是社会治理转变思路,提倡多元共治,打造数字化、智能化、系统化的新治理格局,都离不开新基建作为核心设施和基础平台的关键作用。新基建建设与发展推动的不仅是产业发展的格局、思路、模式、技术的迭代与升级,更牵动着经济社会治理架构、理念、原则、方法的优化与革新,正所谓"经济发展推动社会变革""技术进步促进治理改革"。在这一过程中数据治理法治化不仅是新基建作为一种产业发展与结构升级所需的制度保障,更是新基建作为一种社会治理基础健康有序运行所需的制度规范。换言之,在新基建建设与发展中数据治理法治化既是保障机制和优化机制,也是规范机制与约束机制。必须承认,没有约束的优化是极度危险的,故此,以数据为中心的新基建发展离不开数据治理法治化。

第二章　新基建与数据权属治理法治化

　　随着数字经济向纵深发展,以5G、人工智能、大数据中心、工业互联网为代表的新型基础设施,正在与各行各业深度融合,突破供需时空限制、产业行业边界,优化配置要素资源,有效拓展数据应用的广度和深度。"新基建"不仅是强化数字经济发展的基础保障,也是推进数字经济增长的重要引擎。具体而言,一方面,新基建孕育并发展了数据这一新的生产要素,并为数据生产要素提供物质基础和应用场景,没有支撑实体经济运行的各种数字化基础设施,数据要素无法独立存在。科学全面推进"新基建"建设,能够进一步加快由资本、劳动要素驱动向以数据为核心的新型要素驱动转变的步伐,引领产业变革和经济高质量发展。另一方面,数据作为一种新型生产要素,已然成为新基建建设和发展的底层原料和核心驱动,数据赋予机器、设备更强大的识别、学习、计算和协作能力,通过数据在设备、产品、服务、应用场景以及用户之间的充分流通,实现人、机、物的泛在连接,提升生产力和生产效率。可见,新型基础设施的建设与数据资源的有效开发和应用密不可分,数据资源在新型基础设施中的核心作用日益显著。

第一节　新基建下数据权属问题概述

　　数据资源已成为当前数字经济蓬勃发展的关键生产要素,并成为推动我国经济高质量增长的核心动能。数据资源能否得到有效开发与应用事关全局的系统性深层次变革与新型基础设施建设的有效开展,也关乎"十四五"时期开篇布局和第二个百年奋斗目标的实现。合理的数据权益分配是数据有效开发与应用的前提,能够充分激发数据要素生产各环节主体的创新创造动力。

一、数据权属的内涵

数据并非新名词。历史上人类开展大规模的生产、交换活动,都需要以数据为基础,譬如度量衡的统一、货币的使用等,数据的记录和使用极大地推动了人类文明的进步。[①] 数据权属的争议也是随着数据价值的提升以及数据的交易流通纠纷而产生的。尤其是近年来随着新一轮科技革命和产业变革深入发展,以互联网、大数据、人工智能等为代表的数字技术加速向社会各领域渗透,并且不断与传统产业深度融合,新技术、新产业、新业态、新模式层出不穷,给人类社会生产方式、生产关系、经济结构、生活方式带来巨大变化,数据的价值得到进一步提升,有关数据权属争议的案例与争议也与日俱增。

现有立法和理论研究中,经常将数据等同于信息,关于信息的权益(权利)属性讨论相当热烈,且已基本达成共识。但相比之下,有关数据的权益(权利)属性争议很大。通常认为,数据只是一种信息传播媒介,其本身没有独立的经济价值。但其实不然,数据价值既可以体现为其所承载的信息所包含的使用价值,也可以体现为信息流通所能带来的交换价值。换言之,数据持有人对数据的挖掘、整理和利用,可以服务于自身的商业决策和精准投资,对数据持有人而言,这其实是一种"自用"价值;同时,通过数据市场的交易行为,还可以实现数据的"他用"目的,体现出数据的"他用"价值。对数据赋权的呼声,更多的是主张数据已成为现实生活中重要的"财产"形态,需要得到法律的确认和保护。

近年来,学术界关于是否对数据赋权、如何赋权等问题上一直存在争论。有学者指出,数据没有特定性、独立性,亦不属于无形物,不能归入民事权利的客体;数据无独立经济价值,其交易性受制于信息的内容,且其价值实现依赖于数据安全和自我控制保护,因此也不宜将其独立视为财产。许多学者从数据利益出发,试图论证数据财产权的正当性,有的甚至已经构建起数据权谱。

---

① 参见涂子沛:《数据之巅:大数据革命,历史、现实与未来》,中信出版社 2014 年版,第255 页。

但数据能否权利化,需要对数据的法律属性进行科学提炼和澄清,有待于审慎严密的逻辑证成。也有学者指出,无论是正向进行演绎论证,还是反向作出假设推演,数据权利化的证成进路实际上都障碍重重。当然,也有学者主张可以绕过数据权利的界定,而选择直接确立数据权益的分配机制。有观点提出数据权属应主要解决以下三个问题:一是数据权利属性,即给予数据何种权利保护;二是数据权利主体,即谁应该享有数据上附着的利益;三是数据权利内容,即明确数据主体享有哪些具体的权能。①

二、数据权属的立法实践

数据的生命力在于流动。随着数字化进程全面加速,数据呈爆发式增长,IDC 报告显示,全球数据总量将从 2018 年的 33 泽字节增长到 2025 年的 175 泽字节,以数据为驱动引擎的数字经济对经济增长的贡献比重越发增大。新基建发展需要承载海量数据,海量数据唯有通过流通共享实现复次开发和高效利用,其所蕴含的信息才能得以被深度挖掘,数据价值才能得以充分释放。当前,数据的流通价值已然得到国家的充分重视,自 2014 年大数据首次写入政府工作报告以来,国务院及各部委相继印发《国务院办公厅关于运用大数据加强对市场主体服务和监管的若干意见》《促进大数据发展行动纲要》《大数据产业发展规划(2016—2020 年)》等重要政策文件,数据日益成为国家重要的战略资源。早在 2017 年,中共中央政治局第二次集体学习时就提出,要深入实施工业互联网创新发展战略,系统推进工业互联网基础设施和数据资源管理体系建设,发挥数据的基础资源作用和创新引擎作用,加快形成以创新为主要引领和支撑的数字经济。

在 2020 年 3 月公布的《中共中央　国务院关于构建更加完善的要素市场化配置体制机制的意见》中,国家首次正式将数据确定为生产要素之一,旨在鼓励数据作为生产要素参与流通和分配,促进数据资源提振经济新动能。2020 年 12 月 16—18 日,中央经济工作会议进一步明确提出"国家支持平台企业创新发展、增强国际竞争力,支持公有制经济和非公有制经济共同发展,

---

① 彭云:《大数据环境下数据确权问题研究》,《现代电信科技》2016 年第 5 期。

同时要依法规范发展,健全数字规则。要完善平台企业垄断认定、数据收集使用管理、消费者权益保护等方面的法律规范"。2021 年 3 月,《中华人民共和国国民经济和社会发展第十四个五年规划和 2035 年远景目标纲要》颁布,其中"数据"一词出现了六十余次。在第十八章"营造良好数字生态"中,则关注到了数据要素市场规则和政策环境,提出"统筹数据开发利用、隐私保护和公共安全""建立健全数据产权交易和行业自律机制""完善适用于大数据环境下的数据分类分级保护制度"等重要指示。

尽管我国数据产业发展持续向好,但伴随政府和企业对数据的使用需求日益强烈,政府数据开放共享不足、数据产权界定不清、缺乏统一的数据标准、个人隐私泄露、数据开发利用不深入、流通共享不充分等问题仍然突出。要解决这些问题,形成数据开放共享、数据流通利用、数据资产交易的健康良性的数据产业生态圈,其规范起点和基石都在于数据确权。换言之,数据权益内容和归属关系的明晰,有助于明确数据处理、使用行为的边界,意味着可以更加科学有效地实现数据的合规交易与价值释放。

事实上,我国高度重视数据确权问题,在政策层面多次提出数据确权的要求。2016 年 12 月,《"十三五"国家信息化规划》指出加快推动"数据权属、数据管理"的立法。2017 年 12 月,习近平总书记在中共中央政治局就实施国家大数据战略进行第二次集体学习时提出"制定数据资源确权、开放、流通、交易相关制度,完善数据产权保护制度"的要求。2020 年 3 月,《中共中央　国务院关于构建更加完善的要素市场化配置体制机制的意见》中更是明确提出"加快培育数据要素市场"。

在法律法规层面,我国对于收集、处理海量数据的企业和政府,其对合法收集和处理的数据享有何种权益,并没有做明确回应,既有法律规范更多的是从强化数据权益或权利保护的视角予以规定。2020 年 5 月通过的《中华人民共和国民法典》重点明确了个人信息的人格权益及其保护内容,譬如在一千零三十四条中,以定义和列举结合、内涵限制和外延拓展的形式,明确了个人信息的定义,与已有《中华人民共和国网络安全法》和《中华人民共和国电子商务法》中的个人信息定义进一步对接。《中华人民共和国民法典》同时也明晰了个人信息主体和信息处理者的权利义务,个人信息处理的原则和条件,既有利于从私法层面保护个人信息主体，又有助于推动信息处理者和信息开发者的数据流通和利用。然而，《中华人民共和国民法典》更多的是从私法层面对个人信息的处理和开发行为进行法律规定，针对"数据"的权益内涵、法律属性、基本构成等内容并未作出规定，仅在第一百二十七条对"数据、网络虚拟财产的保护"做了原则性规定，这为今后探讨数据权益及其保护提供了空间。但从这一条款中能够隐约看出，《中华人民共和国民法典》将"数据"和"虚拟财产"并列，表明二者具有一定相似性，隐含着立法层面对数据财产属性的认可。

此外，2020年7月，《最高人民法院　国家发展和改革委员会关于为新时代加快完善社会主义市场经济体制提供司法服务和保障的意见》中明确提到"加强对数字货币、网络虚拟财产、数据等新型权益的保护，充分发挥司法裁判对产权保护的价值引领作用"，同时提出"完善数据保护法律制度，妥善审理与数据有关的各类纠纷案件……服务数据要素市场创新发展"，为司法实践中数据新型权益的保护提供了重要的指引。然而，具体应如何确定不同类型数据权益的性质、内容以及保护方法等，还有待进一步研究并通过制定专门性法律法规加以明确。

此外，我国数据安全领域的基础性法律《中华人民共和国数据安全法》已于2021年6月正式出台，其中提出将保护公民、组织的合法权益，维护国家主权、安全和发展利益作为基本原则，并提出数据分级分类的制度要求，但对于如何划分重要数据的权属边界，如何界定个人数据权益、企业数据权益和国家数据主权等，仍有待进一步研究落实。同时，《中华人民共和国个人信息保护法》已于2021年11月1日起施行，其对个人信息保护的规则和制度作出了严谨细致的规定，与民法典的有关规定相衔接，明确了个人信息处理活动中个人享有的各项权利，然而对于个人数据收集和处理过程中涉及的数据权益类型和归属问题尚未明确。

在数据交易实践方面，我国尚未形成数据要素市场，但已先后设立若干大数据交易所及数据交易平台，包括以贵阳大数据交易所、中关村数海大数据交易平台、武汉东湖大数据交易中心、上海数据交易中心、浙江大数据交易中心、北京大数据交易服务平台等为代表的政府联合其他主体投资、第三方撮合性的大数据交易平台,以及以阿里云、京东万象、数据堂为代表的以数据生产或数据服务类企业为主导、商业职能为主的大数据交易平台。其中,贵阳大数据交易所推出了一系列数据交易规范及制度,其中包括《数据确权暂行管理办法》,其虽名为确权办法,但其仅仅指出了可供交易的数据并非是底层数据,而是加工数据,回避了关于数据权属的相关问题。北京大数据交易服务平台提出了数据确权的具体内涵,即"为明确数据交易双方对交易数据在责权利等方面的相互关系,保护各自的合法权益,而在数据权利人、权利性、数据来源、取得时间、使用期限、数据用途、数据量、数据格式、数据粒度、数据行业性质和数据交易方式等方面给出的权属确认指引,以引导交易相关方科学、统一、安全地完成数据交易"。

不难发现,当前的立法、政策或相关制度并未阐释清楚数据权利及其归属的相关基础问题,如"数据是否需要确权""数据权利归属于谁""数据权利主体、客体、内容"等,阻碍了数据流通、交易和保护。数据确权涉及市场、技术、法律、安全等多个方面,不同属性和类型的数据在法律属性、权益内容、共享方式及保护路径等方面也有所区别,具有一定的复杂性,同时,数据确权在权属分离、价值评估等方面也存在不少难点。但数据权属配置是不能忽视的一个环节,厘清这一问题对数据如何流通和交易、如何保护等环节至关重要。鉴于我国尚未形成体系化的数据权属治理模式,亟须加快相关研究,构建主体明确、边界分明、权能清晰的数据权益配置体系,确保数据资源的安全高效流通,科学平衡产业发展与权利保护的关系。

三、新基建对数据权属治理的内在要求

在新基建产业中,数据权属关系是讨论新基建数据流通和利用及数据产业化的逻辑起点。由于新基建项目类型丰富,参与主体多元,数据权益诉求各异,造成数据治理体系建立和数据治理权责划分更为复杂,已有的数据权属问题在新基建自身建设和带动上下游产业链发展的过程中将越发凸显,亟待正视和解决。以新基建时代智慧城市建设的基础模块——智慧社区为例,数据相关方包括小区业主、商业租户、物业公司、社区管理部门和其他新基建建设单位等多个主体,故在智慧小区的数据治理过程中需要充分考虑不同类型的

数据产生来源、不同主体的数据应用需求、数据参与方治理能力等要素,明确数据治理结构和数据权责分配,选择科学合理的数据治理模式。

新基建的重要目标之一,在于通过数字基础设施建设促进产业的新兴技术应用和数据驱动发展,实现从过去的物理层到信息层和数字层的不断渗透和拓展,通过建立完整的数字孪生体系,完成各类产业的网络化、数字化和智能化改造,赋能产业转型升级。具体方式包括采用新兴科技对传统产业升级而成的新产业,新技术应用产业化直接催生的新产业,以及科技成果和信息技术的推广应用推动产业的分化、升级、融合而衍生出的新产业。① 在此过程中产生的基础数据包含以大数据中心、分布式数据中心为代表的数据存储载体,以及由大量非结构化数据转化为量化的数字信息存储下来的数据本身,为数据计算、分析和应用提供无限可能。② 本节将新基建所涉及的主要数据基础设施以核心功能为基准分别对应至数据产业链的全周期运行场景,以更加全面地考察新基建时代数据运行可能产生的风险及数据权属治理难点。

(一)5G 基建与数据权属

5G 作为当前新型基础设施的核心引领技术,具有超高速、低时延、海量连接、泛在网、低功耗等核心优势,5G 通信网络是串联软件、硬件、设备商以及核心技术的主线,能够精准高效实现人与人、人与物以及物与物的多维度强连接。具体在新基建数据产业链中,5G 移动通信系统具备数据传送速度和传送量上的压倒性优势。

一方面,5G 加速数据传输和数据流通,能够应对持续增长的通信需求、移动流量的需要以及对数据传输速率要求极高的各类新的设备和应用场景。理论层面上,5G 的数据传输速率最大可达 1 吉字节/秒,几乎是 4G 传输速率的 10 倍,因此在 5G 基建辐射的数据高速流通场域下,数据权属将更加难以厘清,特别是企业在用户数据采集阶段将可能造成更多"不经用户授权收集、使用数据"的局面。

另一方面,依托于 5G 技术具有的大容量、低时延、多元异构等特点,可以

---

① 《2019 年我国"三新"经济增加值相当于 GDP 比重 16.3%》,人民网,2020 年 7 月 7 日。
② 徐宪平主编:《新基建:数字时代的新结构性力量》,人民出版社 2020 年版,第 8 页。

支持和容纳更多设备及应用接入网络,将会产生越来越多新的应用场景和功能,如智能制造、智慧医疗、智慧城市等,实现垂直行业的深度融合,5G技术通过海量连接助力数据采集,将会带来数据量激增的局面。在这一情境下,无论是取得用户同意还是数据匿名化都越来越难以实现,用户数据被滥用的风险提升,相关企业或用户在利益驱动下存在行为失范的可能。因此,亟须明确5G应用场景下的数据权益属性、权能构造及其归属主体,建立科学系统的数据权益配置体系,达成数据共享利用、促进价值持续挖掘的数据使用规则。

(二)人工智能与数据权属

人工智能与5G基站、大数据中心、工业互联网等一起被列入新基建范围。在新基建背景下,人工智能将为智能经济的发展和产业数字化转型提供底层支撑,推动人工智能与5G、云计算、大数据、物联网等领域深度融合,形成新一代信息基础设施的核心能力,推动生产效率提升和经济结构优化。人工智能新型基础设施的核心要素包括数据、算法和算力。数据价值的深度挖掘将促进算法模型优化,强化算力提升,特别是各领域产业链上的公共数据集建设,将给计算机提供源源不断的资源,促进模型和算法的优化,推动算法推理训练场景的建设,进而让人工智能在各行业发挥更大的作用。这既包括语音数据集、图像数据集、自然语言数据集等,也包括工业、政府、医疗、交通、教育等各行各业的公共数据集。

然而,在各类大数据、人工智能技术与传统业态场景不断融合发展的过程中,各类数字孪生、智能制造、智能服务等创新数字化应用模式和数字化产品不断涌现,关于人工智能产业链中的数据确权问题频现,却缺乏结合产业链和具体应用场景的数据权属制度设计和数据使用及流通规则。与此同时,人工智能产业链上的各类市场主体都主张对大数据享有产权,各主体间角色认知混乱,行为边界不清,不仅导致有关数据确权、数据安全、隐私保护等诸多问题,也不利于数据资源的共享,无法体现大数据自身的优势。人工智能技术开发利用过程中产生的大量数据安全问题,都需要以数据确权、产权归属、权利内容等为逻辑起点予以探索和研究。

(三)数据中心与数据权属

数据中心被认为是新基建的基石,其目标在于提供高性能的计算平台、安全可靠的存储能力,为数据加速流动和不同基建间的数据协同提供坚实保障。5G、物联网、大数据、人工智能、工业互联网等新型数字通信技术和数字数据技术所覆盖的应用场景会产生海量数据,通过反馈到数据中心进行集成、计算、传输和存储,数据中心呈现出"数据枢纽化"的融合发展趋势。

因此,来自不同应用场景和产业链的数据聚合至数据中心,数据体量逐渐增大,数据层级关系更加复杂,需要科学合理协调产业链各环节的数据协同运作,包括基础设施和应用服务间的数据融通、产业链各环节供应商的数据流通、同一环节中内部产品的数据共享,由此形成产业链不同环节、不同区域、不同时空下数据高效安全的共享流通,在此过程中,数据确权问题将越发多样化。同时,数据中心承载着海量的数据类型,是个人数据、商业数据、公共数据等多种类型数据的集合共存体,保障数据中心的数据收集、存储、传输、处理等数据生产全周期的安全合规,加强用户、企业和社会公共组织对数据中心的自主可控,都需要以科学规范的数据分类和数据权属构造为基本前提。

(四)工业互联网与数据权属

工业互联网是传统制造业和互联网应用融合发展的产物,其本质在于将单点的信息工业技术应用拓维发展为更具有数字化、网络化和智能化的综合应用场景和新型产业驱动模式,构建基于海量数据采集、分析和应用的服务体系。数据是工业互联网的"血液",工业大数据能够提高工业体系中原有要素的价值转化效率和生产效率,激发生产力乘数效应,进一步促进制造业和智能技术的深度融合,支撑和推动智能制造和工业转型升级。工业互联网涉及的数据类型多元,数据流通环节和流动方向较为复杂,大面积分布在大数据平台、生产终端、工业互联网平台、设计服务器等多种设施上。在工业互联网的生产链条上,将通过大量数据采集节点获得实时、动态数据,因此需要多层级的数据架构设计实现数据解耦与无环依赖,提高数据处理能力和效率。工业数据在不同平台、设施间流通共享的过程中,可能加剧工业数据滥用、工业数据泄露、工业数据盗窃、工业数据越权使用等安全风险。

故此,在充分利用工业数据的同时亟须建立工业互联网全产业链的数据安全体系,而构建工业互联网数据安全体系的重要前提在于确立工业数据的权益保护机制,建立科学的工业数据分级分类制度,进而有助于厘清相关主体享有的数据权益和数据使用边界,明确数据安全保护的具体责任。此外,对于工业产业链条上的数据资产交易,如何科学合理界定数据属性,通过统一规范的数据分级分类和权益界定标准及共识机制实现不同国家、不同地区、不同行业之间的工业数据共享、对接和交换,也是新基建时代下工业互联网领域的数据确权需要攻克的难题。

进一步而言,数据类型和来源多样化,需要在数据交换、数据接口、开放模式、数据安全、数据归属等不同环节以统一标准和规范推进工作。这其中就关乎如何打破行业壁垒,构建跨层级、跨地区、跨系统的国家级数据平台。加强数据确权与数据资产方面的法律制度顶层设计,建立健全跨行业工业大数据开放共享机制;构建跨层级、跨地区、跨系统的国家级数据平台,彻底解决行业"数据孤岛"问题。数据法治的核心之一是通过法治手段,实现多源异构数据的标准化和结构化,提升数据质量,形成更多合规数据,这是基本问题,也是重点目标。

第二节　数据权属的研究现状

对于数据权利的讨论,目前存在数据权利肯定论和数据权利否定论两种说法,其中后一种说法认为数据因缺乏民事权利客体相关特征如确定性、独立性、非财产性等而不能成为民事权利的客体,因而主张行为规制(控制)模式。[①] 当然,目前大多数观点都肯认了数据权利的存在,但并未就数据权利的概念、主体、客体、内容等问题得出统一的结论。进言之,数据权利的具体内涵尚未明确,数据权利属于物权、债权、著作权抑或是新型权利,数据权利所保护的法益是人格权、财产权还是两者兼有,这些问题仍存在分歧。需要说明的是,我国当前立法中尚未将数据权利作为一种法定权利予以认可,已有制度规范中将数据定义为一种新型权益,因此本节认为采取"数据权益"这一语义表达更为妥当,并以数据主体类型、数据权益属性、数据权益类型和数据流转全

---

① 　参见梅夏英:《数据的法律属性及其民法定位》,《中国社会科学》2016 年第 9 期;姚佳:《企业数据的利用准则》,《清华法学》2019 年第 3 期。

周期的权益配置为基准,对当前关于数据权属的研究现状予以系统整合和类型化归纳。

一、以主体分类为基准

2020 年 3 月,中共中央、国务院发布的《关于构建更加完善的要素市场化配置体制机制的意见》第二十二条中明确提出,"推动完善适用于大数据环境下的数据分类分级安全保护制度,加强对政务数据、企业商业秘密和个人数据的保护"。可以看出其对于数据进行了以主体为基准的数据分类——"政务数据、企业商业秘密和个人数据"。这种分类方式是学界和实务界最常用且最为基本的数据(权属)界定思路,成为诸多学者研究数据问题的逻辑起点。

(一)个人数据权

学界对个人数据权的研究,主要是通过赋予用户数据民法上的新型人格属性进而衍生出个人信息权保护路径,强调对个人用户享有的数据信息提供民法体系下的绝对权保护。王利明(2013)认为应以私权保护为中心,将个人信息权作为一种具体的人格权加以保护,并制定个人信息保护法。[①] 张里安、韩旭至(2016)提出,随着信息社会的发展,个人信息权已不再是前数据时代的隐私权、姓名权、名誉权等传统人格权利了,其更具有大数据时代特征,故应当将个人信息权作为一项独立人格权予以立法确认。[②] 事实上,主张个人信息(数据)属于人格权观点的理论存在两类不同理解,即一般人格权说和具体人格权说,前者认为个人信息具备人格权要求,属于一般人格权的范畴,譬如学者马俊驹认为"个人资料所体现的利益是人格尊严、人性自由、人身完整等基本利益,属于一般人格权范畴"[③]。后一种理解认为具体人格权可纳入一般

---

① 参见王利明:《论个人信息权的法律保护——以个人信息权与隐私权的界分为中心》,《现代法学》2013 年第 4 期。

② 参见张里安、韩旭至:《大数据时代下个人信息权的私法属性》,《法学论坛》2016 年第 3 期。

③ 马俊驹:《个人资料保护与一般人格权(代序)》,载齐爱民主编:《个人资料保护法原理及其跨国流通法律问题研究》,武汉大学出版社 2004 年版,第 1 页。转引自张里安、韩旭至:《大数据时代下个人信息权的私法属性》,《法学论坛》2016 年第 3 期。

人格权中具体化为特定的个人信息权利,譬如肖冬梅、文禹衡(2015)认为数据人格权作为一种新型人格权主要包括数据知情同意权、数据修改权、数据被遗忘权。①

此外,"用户个人数据(信息)是一种新型民事权利"这一观点也被越来越多的学者所认同,该观点通常认为个人信息权并不完全只是属于人格权益,个人信息之上的人格权益和财产权益,应统一内含于个人信息权。刘德良(2007)认为对个人信息进行确权应该根据其体现的价值而定,当其维护主体人格利益时,应该给予其人格权的保护;当其维护主体财产利益时,就应该给予其财产权保护。② 叶名怡(2018)认为个人信息权兼含财产利益,它是数据财产权的前提和基础。③

(二)企业数据权

学界对于企业数据权利的讨论颇多,主要是从企业作为数据持有主体的角度进行企业数据权利界定,包括企业数据知识产权说、新型财产权说等。首先,企业数据权利的保护可以作为商业数据适用知识产权保护或将数据定位为商业秘密予以保护,譬如为企业形成的数据集合主张数据汇编作品著作权。魏远山(2021)提出企业数据权利与知识产权具有相似之处,即均是非排他性的无形财产,具有经济价值,能够带来竞争优势。故可借鉴知识产权的权利设置,对企业数据权进行构建,并最终定位为"有限排他权"。④

此外,越来越多的学者支持数据权或新型财产权模式的构建,以更好地促进数据从用户向企业的流通,发挥数据价值。龙卫球(2018)提出,企业数据权利保护需要呈现为一种具有极强外部协同性的复杂财产权设计,其不同于民法上典型的财产权,需要兼顾多种功能、多种利益协同的保障要求。⑤ 唐要家(2021)提出,数据产权确定应采取"情景依存的有限产权"模式,在强化

---

① 肖冬梅、文禹衡:《数据权谱系论纲》,《湘潭大学学报(哲学社会科学版)》2015 年第6 期。

② 刘德良:《个人信息的财产权保护》,《法学研究》2007 年第 3 期。

③ 叶名怡:《论个人信息权的基本范畴》,《清华法学》2018 年第 5 期。

④ 魏远山:《我国数据权演进历程回顾与趋势展望》,《图书馆论坛》2021 年第 1 期。

⑤ 龙卫球:《再论企业数据保护的财产权化路径》,《东方法学》2018 年第 3 期。

个人隐私权保护的基础上,加强对数据采集和开发进行重要投资或作出创造性智力活动的衍生数据持有人的财产权保护。[1] 丁晓东(2020)提出应当以企业数据是否公开为标准对其提供相应的权利保护,对于非公开的企业数据,应当提供商业秘密保护;对于半公开的数据库数据,应当提供类似欧盟的数据库特殊权利保护;对于公开的网络平台数据,应当采取竞争法保护,避免恶性"搭便车"行为。[2]

(三)政府数据权

相比企业数据而言,政府数据规模更大,种类更多,且关涉公众工作生活的方方面面,数据资源价值突出。政府数据既可以为行政机关作出科学决策提供依据,同时,政府数据还因具有非排他性和非竞争性的公共品特征,能够被反复复制和传播利用,譬如气象数据、交通数据、环境卫生数据等。因此,当前促进政府数据开放共享已经成为数据治理的重要内容之一,政府数据的充分有效共享将有助于实现政府科学决策,提升政府治理数字化智能化水平。

政府数据往往关涉社会公共利益,对政府数据的权属配置不能简单借用私法视阈下对于个体、企业等私主体的权利配置思路,应当更加注重对社会属性和公共利益的考量。因此,有学者提出将政府数据权属规定为国家所有权,由政府享有对这些公共数据的管理权,同时通过政府履行数据公开义务满足公众对政府数据的需求,实现个体要素与社会要素的平衡。[3] 也有学者认为政府数据作为一种新型的数据权利,除了所有权和使用权,仍然有很多权利属性有待开发。譬如"政府代表国家行使对大数据的管理权,表现为数据获取权、控制权、发展规划权和使用许可权"。[4] 有学者从行政法学角度认为,政府数据是由地方政府拥有的一项重要财产,其因使用目的、方式和范围不同而对应不同的法律属性、适用不同的制度规则:供内部公务使用时属于"公用物"、

---

[1] 唐要家:《数据产权的经济分析》,《社会科学辑刊》2021 年第 1 期。

[2] 丁晓东:《论企业数据权益的法律保护——基于数据法律性质的分析》,《法律科学(西北政法大学学报)》2020 年第 2 期。

[3] 张莉主编:《数据治理与数据安全》,人民邮电出版社 2019 年版,第 221 页。

[4] 吕延君:《数据权体系及其法治意义》,《中共中央党校学报》2017 年第 5 期。

公共开放时属于"公共用物"、商业化经营时属于"国有私产",同时因为数据的可复用性特点,这些不同使用状态可同时并存。①

二、以数据权益属性为基准

当前,对于数据权利或权益属性的定位,以及对其赋予何种权利保护路径的讨论,主要包括财产权说、知识产权说和新型权益说,尤其是财产权说受到学界和实务界的广泛认同和关注,但是否将数据财产权益上升为数据财产权利还有待讨论。此外,将数据权益定义为一类包含多主体多权益的统摄性、综合性的新型权益也受到广泛认可。

(一)财产权

当前有许多观点主张对数据赋予财产权,其中不仅包括对个人赋予数据财产权,更多的是主张对企业数据赋予财产性权利。美国莱斯格教授于21世纪初就提出了数据财产化理论,认为赋予个人隐私以财产权能够更好地保护隐私。② 国内也有学者主张数据企业的数据权利是一种新型的财产权,不能仅通过反不正当竞争法给予保护,而应同时作为绝对权给予更系统的保护。③ 数据财产权绝不能是一个模糊的灰色领域,有必要充分回应时代发展的需要,将其上升为一项独立的财产权进行保护。④

司法实践中,法院也对数据要素的财产权益属性予以了肯定。譬如,杭州互联网法院在2017"T诉M案"中,明确了大数据产品的法律属性及权利归属,认定数据产品开发者对于数据产品享有独立的竞争性财产权益。⑤ 又如,全国首宗爬虫软件案"K诉C案"中,明确了经过企业收集、分析和整合的公交实时信息数据能够为权利人带来现实或潜在、当下或将来的经济利益,具备无形财产属性。⑥ 在"B诉F案"中,法院认为W公司作为B的运营者,对涉

---

① 李海敏:《我国政府数据的法律属性与开放之道》,《行政法学研究》2020年第6期。

② Lawrence Lessig, "Privacy as Property", *Social Research*, Vol.69, No.1, 2002, pp.247−269.

③ 程啸:《论大数据时代的个人数据权利》,《中国社会科学》2018年第3期。

④ 申卫星:《论数据用益权》,《中国社会科学》2020年第11期。

⑤ 《淘宝诉美景公司大数据产品不正当竞争案》,《人民法院报》2019年1月16日。

⑥ 参见广东省深圳市中级人民法院(2017)粤03民初822号民事判决书,中国裁判文书网,2017年。

案 B 前后端全部数据享有权益,并通过 B 这一生态链实现商业利益。即涉案被告 B 中的数据对于 W 公司显然具有商业价值,W 公司可就他人非法抓取并使用该数据的行为主张权益,有权提起本案诉讼。①

尽管社会各界主张为企业数据配置数据产权的观点不在少数,目的在于鼓励企业充分利用数据实现商业模式和技术创新,然而也有许多人士担忧,如果仅对企业赋予绝对性的财产权,有可能造成企业囤积数据,分享数据能动性降低等后果。因此,有学者提出构建兼顾个人利益和企业利益的二元权属配置体系。如龙卫球(2018)认为针对数据新型财产权的体系,应该在区分个人信息和数据资产的基础上,进行两个阶段的权利建构:对于用户个人,应同时配置人格权益和财产权益,对于数据经营者(企业),在数据资产化背景下,应分别配置数据经营权和数据资产权②,该学者继该文之后进一步深化对新型数据财产权益观点的解读,认为(企业)数据新型财产权保护路径与民法上典型的财产权不同,更类似采取私权形式的知识产权机制,以及没有采取私权形式的企业竞争保护机制,需要兼顾个人信息与企业数据等多种利益和多种功能协同的保障要求。③ 张莉(2019)等人提出我国对数据财产进行针对性的立法势在必行,需要打破封闭的传统财产权体系,构建开放性、包容性、发展性的数据产权体系。④

(二)知识产权

知识产权说的典型体现是欧盟在 1996 年发布的《欧盟数据库保护指令》中,采用分类方法保护数据财产:对原创型数据库给予完全的著作权保护;对非原创型数据库给予特殊的权利保护,且权利期限为 15 年。⑤ 杨立新(2016)认为经过加工的,已经不再具有具体人格因素的衍生数据属于智力成果,属于知识产权赖以建立的权利客体之一。⑥ 主张"知识产权说"的观点,通常认为

---

① 参见北京市海淀区人民法院(2017)京 0108 民初 24510 号民事判决书,中国裁判文书网,2017 年。
② 龙卫球:《数据新型财产权构建及其体系研究》,《政法论坛》2017 年第 4 期。
③ 龙卫球:《再论企业数据保护的财产权化路径》,《东方法学》2018 年第 3 期。
④ 张莉主编:《数据治理与数据安全》,人民邮电出版社 2019 年版,第 216 页。
⑤ 申卫星:《论数据用益权》,《中国社会科学》2020 年第 11 期。
⑥ 杨立新:《衍生数据是数据专有权的客体》,《中国社会科学报》2016 年 7 月 13 日。

对于在选择和编排上具有独创性的数据库或数据集,可以从汇编作品的著作权保护出发,对于付出实质性投入的数据库持有人予以传播权保护。但也有学者持相反观点,刁云芸(2021)认为,受限于汇编作品的独创性要求,以汇编作品给予作品数据集合保护并不一定可行,《中华人民共和国著作权法》也未将数据集合或数据库作为作品予以保护,需以《中华人民共和国反不正当竞争法》对作品数据集合加以保护。①

实践中,主张数据的知识产权保护路径,尤指对数据采取商业秘密保护,成为数据纠纷中数据控制者或经营者的重要诉求。譬如,在"X诉M"案中,W公司主张,B开放平台《开发者协议》中"用户数据"为微博的商业秘密,理应受到保护。然而,法院对此并未表态,最终使用《中华人民共和国反不正当竞争法》"一般条款"处理该案。② 事实上,当前许多数据权益分配类案件的司法审理都倾向通过激活"反不正当竞争法"一般条款对竞争行为进行违法性认定,肯定经营者基于数据控制或开发利用享有的合法权益,将侵害数据行为认定为不正当竞争。然而,单一地适用一般条款进行数据保护可能面临规则的不确定性和适用的不稳定性,也引发了诸多争议。

(三)新型权益

考察近年来学界有关数据权属的研究,主要经历了私法领域从单一静态地关注数据的人格权益属性到关注数据的财产权益属性,乃至对数据之上的多种权益的统合研究。少数学者提出将数据之上的人格权和财产权进行统摄研究,即更多地强调企业和个人数据的平衡,维护数据安全和释放数据红利的兼顾,统摄数据涵盖的各类权利。譬如,许多学者并未明显区分个人数据和非个人数据,将数据权利看作具有财产权属性、人格权属性、国家主权属性的综合性新型民事权利③,肖冬梅、文禹衡(2015)提出构建数据权谱体系,分为数据主权和数据权利两大框架。数据主权包括数据管理权和数据控制权,数据

---

① 刁云芸:《涉互联网平台作品数据集合的反不正当竞争法保护》,《中国出版》2021年第9期。

② 参见北京市海淀区人民法院(2015)海民(知)初字第12602号民事判决书,中国裁判文书网,2017年。

③ 张衡:《网络数据产权化发展及其争议》,《信息安全与通信保密》2018年第8期。

权利兼具人格权和财产权双重属性。① 李爱君(2018)认为数据权利是具有财产权属性、人格权属性、国家主权属性的新型民事权利。② 闫立东(2019)提出应当以"权利束"这一概念,明确以数据权利为基础,形成集合多元主体、多种权利的数据保护范式。③ 文禹衡(2019)认为数据产权制度以数据财产利益为中心,还应纳入数据人格要素之上的财产利益,但应将数据荷载的人身利益归入人格权范畴。④ 针对学界当前对数据从人格权、财产权、知识产权为逻辑起点的权属定位,邓刚宏(2018)认为这一权属定位无法为数据权以及个人信息权提供完善的保护路径,也无法满足我国数据产业的发展,应直接将其定位为数据权。⑤ 李扬、李晓宇(2019)认为,企业数据权益既不是物权,也不单纯只是一种知识产权或财产性权利,它是由不同权益集合而成的权利束,囊括了法定化权利及受法律保护的利益两种类型。⑥

三、以数据权益类型为基准

2017 年中国(贵阳)大数据交易高峰论坛上发布了《贵阳大数据交易观山湖公约》这一成果,其中对数据交易中的"数据确权"概念进行了定义,即"数据确权主要是确定数据的权利人,即谁拥有对数据的所有权、占有权、使用权、受益权"。同时,指出"数据确权是为明确数据交易双方对交易数据在责任权利等方面的相互关系,保护各自的合法权益,而在数据所有人、使用权限、数据来源、取得时间、使用期限、数据用途、数据量、数据格式、数据粒度、数据行业性质和数据交易方式等方面给出的权属确认指引,以引导交易相关方科学、统一、安全地完成数据交易"。这种依据不同主体对数据形成的权益来源、贡献

---

① 肖冬梅、文禹衡:《数据权谱系论纲》,《湘潭大学学报(哲学社会科学版)》2015 年第 6 期。

② 李爱君:《数据权利属性与法律特征》,《东方法学》2018 年第 3 期。

③ 闫立东:《以"权利束"视角探究数据权利》,《东方法学》2019 年第 2 期。

④ 文禹衡:《数据确权的范式嬗变、概念选择与归属主体》,《东北师大学报(哲学社会科学版)》2019 年第 5 期。

⑤ 邓刚宏:《大数据权利属性的法律逻辑分析——兼论个人数据权的保护路径》,《江海学刊》2018 年第 6 期。

⑥ 李扬、李晓宇:《大数据时代企业数据权益的性质界定及其保护模式建构》,《学海》2019 年第 4 期。

和控制程度,以数据权益的具体类型为基准展开的划分方式也较为常见。

(一)所有权

申卫星(2020)主张根据不同主体对数据形成的贡献来源和程度的不同,应当设定数据原发者拥有数据所有权与数据处理者拥有数据用益权的二元权利结构,以实现数据财产权益分配的均衡。① 张莉(2019)主张构建权能分离的数据产权权利体系,借鉴物权法体系的自物权和他物权两分的二元体系,和知识产权法体系中完全知识产权与定限知识产权的二元体系,构建数据产权体系,即完全数据产权和定限数据产权组成的二元权利体系。其中,完全数据产权调整的是数据财产归属关系,是数据创造者的权利,而定限数据产权调整的是数据财产的利用关系,是数据使用者的权利,主要涉及用益数据产权(权利人依法对他人的数据财产享有的占有、使用和收益的权利)。② 彭云(2016)提出,数据"所有权"内容主要包括知情权、选择权、更正权、删除权、求偿权等,应当明确个人对其数据享有类似于"所有权人"的法律地位,对于去身份化处理的数据及在个人数据基础上形成的衍生数据,承认数据处理者拥有占有、使用、收益、处分的权利。③ 冯果、薛亦飒(2020)提出了企业与个人的双重数据所有权结构的观点,其中包括个人的名义数据所有权和企业的实际数据所有权。④

(二)使用权

数据具有"非竞争性"属性,即一个主体对数据的使用不会减损另一个主体的使用可能,主体间对该数据资源使用不会相互排斥。各类与数据相关主体对普通个人数据的使用往往并不需要拥有所有权,只需要掌握使用权即可实现数据价值的开发与创新。从数据使用权的视角来看,个人数据使用侧重于人格权的行使与保护,企业数据使用强调用权与限权的结合,即企业在数据收集、数据处理、数据使用等各个阶段,对数据的控制效力有所不同。其中,

① 申卫星:《论数据用益权》,《中国社会科学》2020年第11期。
② 张莉主编:《数据治理与数据安全》,中国邮电出版社2019年版,第226—227页。
③ 彭云:《大数据环境下数据确权问题研究》,《现代电信科技》2016年第5期。
④ 冯果、薛亦飒:《从"权利规范模式"走向"行为控制模式"的数据信托——数据主体权利保护机制构建的另一种思路》,《法学评论》2020年第3期。

"数据清洗"后的企业对其占有的数据具有完全的控制力,而"数据清洗"前的企业对其占有的数据具有不完全的控制力。① 此外,黄镨(2021)提出了"所有权与使用权相分离"的权属配置方式,应在区分"普通个人数据"与"敏感个人数据"的基础上,将前者配置给数据业者与数据主体共同共有,后者仅配置给数据主体(个人)所有,且只能交易个人数据的使用权,所有权始终归属于原权属主体,不能通过交易转移。② 彭云(2016)提出在探讨数据权利归属时,应当综合这四项标准,以"汗水原则""创造者归属原则"来确定数据的"所有权",以"最佳利用者原则""效益原则"来确定数据的使用权。③

(三)收益权

数据的用益权实际上包括使用权和收益权,因此数据收益权和数据使用权通常是被作为一个整体讨论的,用益权是所有权的派生权利,表现为所有权中的使用权和收益权被赋予了用益权人,与用益权人相比,仅具有财产处分权者,因无使用权及收益权,被称作虚有权人。④ 一个健康良性、持续发展的数据产业链应当确保所有为此作出贡献的主体都能够享受到相应的收益和价值。首先,个人作为数据原始主体,具有理性处置其数据的决定权以及获取相应收益的权利。其次,对于付出人力、物力、财力等成本对数据进行二次加工的企业主体来讲,其应当拥有对数据收集、加工和开发利用的收益权,而且这种收益主要体现为经济利益和竞争优势的取得。最后,对于政府而言,政府基于公共利益开放数据产生的成本应由政府承担,数据共享的成果为公共利益所用,应由全民全社会共享。当然,如果在数据的使用上有成本投入,比如开展深度挖掘、可视化等配套服务,或政府数据被用于商业交易目的,则可以适当收费。⑤

---

① 张莉主编:《数据治理与数据安全》,中国邮电出版社 2019 年版,第 225—226 页。
② 黄镨:《大数据时代个人数据权属的配置规则》,《法学杂志》2021 年第 1 期。
③ 彭云:《大数据环境下数据确权问题研究》,《现代电信科技》2016 年第 5 期。
④ 申军:《法国及欧盟视角下个人数据的法律性质》,中国法律评论,见 https://article.chinalawinfo.com/ArticleFullText.aspx? ArticleId=117570。
⑤ 张莉:《所有权、使用权、收益权:数据产权的构建》,《中国计算机报》2019 年 11 月 4 日。

四、以数据流转中的权益配置为基准

数据要素唯有在高效和有序的动态流转中才能激发活力,加速社会经济价值创造。正如"硅谷精神教父"凯文·凯利(Kevin Kelly)所说,"数据不应该以它的存储而定义,应该由它的流转来定义"。因此,结合数据要素在收集、存储、加工、传输等各流转环节中,数据类型和数据运行机理进行权属确认,能够更清晰地呈现数据要素在流转中的权属配置需求衍化和价值增进的过程,展现数据要素在不同主体间发生权利让渡的样态。从数据流转过程出发,现有学说和观点可以分为依据数据流转主体以及数据流转中的数据类型进行权属确认两种具体类型。

(一)依据数据流转主体的类型进行确权

依据数据流转主体的类型进行确权,通常指根据数据采集和使用全周期来界定各阶段的数据产生或持有主体,认为数据流通和交易主要体现为在数据收集和使用主体之间发生数据权益(权利)流转。相关主体主要包括数据原始提供者、数据控制者、数据处理者和数据使用者。在实践中,数据控制者、数据处理者、数据使用者则身份逐渐集中。当然,不论是数据主体的部分分离,还是数据主体的部分融合,在数据动态流通的全周期中,对于数据的所有权、使用权、收益权都要进行科学合理的平衡。肖建华、柴芳墨(2019)指出,可以根据数据流转过程中涉及的相关主体来进行分类,将数据权利主体分为数据来源主体、数据收集主体、数据继受主体。其中,数据来源主体以个人为代表,针对个人数据享有数据人格权;数据收集主体以信息业者为代表,针对匿名化的数据集合享有数据财产权,具体表现为数据使用权、处分权、收益权;数据继受主体的权利来源于数据收集主体,可在许可使用合同约定的框架内享有数据使用权、处分权、收益权。[①] 申卫星(2020)也采取了根据数据流转主体确定数据权利的思路,即根据不同主体对数据形成的贡献来源和程度的不同,设定数据原发者拥有数据所有权与数据处理者拥有数据用益权的二元权利结构。[②]

---

① 肖建华、柴芳墨:《论数据权利与交易规制》,《中国高校社会科学》2019 年第 1 期。

② 申卫星:《论数据用益权》,《中国社会科学》2020 年第 11 期。

（二）依据数据流转中的数据类型进行权属配置

依据数据流转过程中，特别是对数据产业发展中涉及的各类数据类型进行权属确定，成为当前学者研究数据权属的重要切入点。此种分类方法主要包括"基础数据和增值数据"以及"原生数据和衍生数据"两类。尽管表述不同，但是分类思路并无实质差别，均以数据流转及加工前后数据特征的变化为标准，注重数据价值的衍化增值。前者认为"基础数据是最根本的数据，主要指所有足以对主体构成识别的数据，增值数据主要指数据开发者或加工者对网络用户从事各种活动进行搜集整理等增值处理行为产生的各种数据"①；后者认为"原生数据指不依赖于现有数据而产生的数据，衍生数据指原生数据在被记录储存后，经过算法加工、计算、聚合经过脱敏处理，生成新的、系统的、可读取、有使用价值的数据"②。或也有以"与数据相关行为"为动态基准，立足于数据流转的全周期，可将数据区分为原始数据、衍生数据和派生数据，由此实现对数据的动态保护。③

事实上，"原始数据—衍生数据"的分类方法在 2018 年"T 诉 M"案中为受案法院采纳，法院认为，涉案"生意参谋"数据产品中的数据内容虽然来源于原始用户信息数据，但经过 T 公司的深度开发已不同于普通的网络数据，"生意参谋"数据产品所提供的数据内容系其在收集海量原始数据基础上，经过深度分析处理、整合加工而形成的衍生数据，其与网络用户信息、原始网络数据无直接对应关系。故此，T 公司对于其开发的大数据产品，应当享有自己独立的财产性权益，其作为开发者自然享有占有、使用、收益、处分等多项权利。④

此外，也有学者在区分"经过清洗或算法加工的数据"与"基础数据"的基础上，根据与来源的关联紧密性以及是否用于营利性目的，将个人对其享有何种权利进行区分，如该数据用于非营利目的，则个人可享有相应的知情权、选

① 丁道勤：《基础数据与增值数据的二元划分》，《财经法学》2017 年第 2 期。
② 杨立新、陈小江：《衍生数据是数据专有权的客体》，《中国社会科学报》2016 年 7 月 13 日。
③ 陈兵、顾丹丹：《数字经济下数据共享理路的反思与再造——以数据类型化考察为视角》，《上海财经大学学报》2020 年第 2 期。
④ 《淘宝诉美景公司大数据产品不正当竞争案》，《人民法院报》2019 年 1 月 16 日。

择权、使用权、异议权。如该数据用于营利性目的,则个人还应视情况,除享有知情权、选择权、使用权、异议权,还应享有财产权利等。①

五、对数据权属研究现状的述评

综上可见,当前国内外关于数据权属问题的研究尚存在两大困难。第一,对于是否在数据之上设立权利这一问题还有较大的分歧,即存在支持建立数据权利体系及采取行为规制模式的两类观点,其中,行为规制模式主张搁置"数据权利化"的思路,不主张将数据权益上升为绝对化的权利,原因通常有二:其一,认为数据因缺乏民事权利客体相关特征如确定性、独立性、非财产性等而不能成为民事权利的客体,数据权利难以实现。其二,认为数据的绝对权化将不利于数据高效的流通共享,甚至形成数据垄断、数据孤岛、数据封锁等局面。

第二,数据要素权属配置的系统性制度方案尚未形成,相关研究呈现零散化和碎片化。当前我国关于数据权利的立法存在空白,且由于数据权利内容的复杂性和关涉利益的多元性,社会各界对于数据权利属性、权利归属、权利内容等问题尚未形成统一认识。譬如,从来源主体出发确定数据权利属性,衍生出个人数据权、企业数据权和政府数据权;从数据权利属性确定数据归属主体,如个人数据往往具有人格权属性,企业收集和处理(加工)的数据通常具有财产权属性,或从数据产权权能角度理解数据权属的内涵,即数据原始产生者拥有数据所有权,而数据处理者拥有数据的使用权、收益权甚至处分权;抑或是从数据权利的类型出发寻找数据权利主体及其权益内涵,譬如认为原始数据归属于个人或其他来源主体,衍生数据具有的财产权益归属于付出了劳动、享有商业利益和市场竞争优势的数据处理者。这些研究虽然以数据权利属性、权利归属主体或者权利权能等为视角展开了充分的研究,但不同视角之间的关联度不够,尚未形成体系化的制度构造,亟待构建主体明确、边界分明、权能清晰的数据权利立法体系。

---

① 参见周铭:《关于大数据时代的数据确权的法律思考与研究》,贵阳大数据交易所,2018年3月29日。

　　尽管当前有关数据权属的研究呈现复杂性与多元化的局面,但基本共识也显而易见,相关论点也存在交集。一方面,数据相关的利益主体包括个人、企业、政府、社会组织等,不同利益主体对数据权益的享有范畴与属性又存在差异。一般来讲,对来源于个人的原始数据突出人格权,强化个人信息的隐私保护;对企业等数据控制者、数据处理者通过采集和开发原始数据而产生的衍生数据则突出财产权益,强化产权保护。另一方面,不同的数据权属界定方式存在交集,譬如,在以数据来源主体为基准的权属讨论中,对"个人数据"的数据权利或权益探讨往往会包含人格权,对"企业数据权"的探讨中则无法避免对数据财产权或知识产权的关注;在基于数据流转中的数据类型进行权属界定时,对于"衍生数据"的数据权属探讨就包含知识产权、商业秘密,原因不外乎在衍生数据的分类标准中已经认可了数据加工者对于数据增值的贡献。

　　不同于土地、劳动力、资本、技术等传统生产要素,探讨数据确权或权属配置问题,其核心并不在于将数据产权赋予谁,而是数据要素所涵盖的不同权益如何在用户、数据控制者或数据使用者之间实现最优配置,目的在于实现数据经济价值、社会价值最大化,促进新基建高质量发展。聚焦新基建时代,数据流通共享的重要性不言而喻,但其中也需要充分关照不同主体、不同类型数据在不同场景下涵盖的数据权益内涵和属性。进一步而言,新基建场景下的数据权属界定,不仅关系每一个自然人的人格尊严和人身财产权益,也与数字经济的健康发展以及国家利益、社会公共利益等息息相关,亟须给予数据权属界定高度重视,尽快确立规范统一、兼具公平和效率、兼容不同数据权益的权属构造,并在此基础上,确立数据采集和使用的规则和标准,以保障数据高效、安全地流通和共享。

第三节　新基建下数据权属治理的制度构造

　　基于数据的多归属性、复用性、瞬时性等特征,单一数据或(和)大数据的权益主体、采集或生产及使用行为,以及价值形态与增益方式等关乎市场要素权益属性及实现方式的要素与环节,与土地、资本、劳动力、知识产权等工业时代的市场要素有着明显的不同,这就使得建立于工业时代特征之上的市场要素权益保护规则和实施机制面临巨大挑战。特别是,对数据相关权益的界定与分配,将直接影响数据要素的配置效率和交易成本,这是构建新基建时代数据立法体系,实现多元的数据权益主体之间的公平自由交易与竞争的制度前提。进言之,如何定位和理解数据权益的法律属性,合理平衡数据的流通利用与其背后可能承载的企业利益、用户权益、公共利益、国家安全之间的关系,在促进数据高效流通之时,构建科学合理的数据权益保护体系,成为数据法治领域关注的焦点问题。

一、数据要素具有多元权益融合的特征与属性

当前,数据资源和数据信息技术的应用已不仅局限于私人领域,也越来越多地渗透和扩展至社会公共管理甚至承担公共职能的领域中,出现了诸如气象数据、交通数据、医疗数据等具备公共属性的数据类型及相应的应用场景。其中,也不乏涉及私主体的相关数据信息的采集、归集及应用,譬如,交通数据、医疗数据中涉及的海量的个人交通数据、医疗数据的采集、归集、存储、分析、流通、使用等,就会导致数据私权属性与公权属性的交织,有时还可能出现冲突。疫情期间"健康码"网络系统背后的数字技术运用和数据资源的收集、使用及服务,既涉及各级政府,如"健康码"的运行;也关涉互联网平台企业与电信运营商,如提供技术支持与用户位置、行程和轨迹的接入;更关乎广大人民群众的个人行动轨迹,及与之相关的个人一般信息甚或敏感信息的记录。

又如,医疗数据的流通、开放和利用既关涉医疗机构间竞争性资源的有效配置,也关涉患者个体权益以及公共卫生和社会治理的社会公共属性的实现。可以看到,无论是"健康码"网络系统海量数据,还是医疗数据,都兼具了数据之上所承载的诸多私权属性和公权属性,出现了数据的私益属性和公共属性高度融合的趋态,数据具有多元权益属性融合的特征。概言之,不同类型数据承载着不同主体的权益主张,同一类数据也可能承载不同主体的权益诉求,因而,不同属性和类型的数据在法律特征、权益内容、共享方式及保护路径等方面也有所区别。

当前,数据资源不仅成为互联网企业的核心资产和重要竞争力,其价值和功能也越发彰显于产业发展、社会治理、国家安全等公共领域,数据的私益属性和公益属性开始高度融合。在数据价值从私人领域迈入公共领域的过程中,数据类型和数据应用场景不断丰富,不同类型数据承载着不同主体的权益主张,同一类数据也可能承载不同主体的权益诉求,因而,不同属性和类型的数据在法律特征、权益内容、共享方式及保护路径等方面也有所区别。换言之,如何明晰数字经济多维场景下不同属性和类型的数据开发利用之行为边界,在促进数据资源的高效流通和数据价值的深度挖掘的同时,科学平衡和关照数据所承载的公共利益与私人利益、数据财产利益与人格利益等多元利益,构建安全高效、同步同频的数据保护和数据流通方案,其前提和核心是在区分数据类型及其功能实现场景的基础上,科学合理地界定不同属性和不同类型数据在多维数据场景下的权益内涵、特征和具体内容。故此,提出以数据安全高效规范的流通和使用为原则,引入"数据场景"标准进行科学合理的数据分级分类,构建数据权益的动态场景化保护机制,推动数据保护从民法私权逻辑扩容至社会法视阈下多元价值的动态场景化保护。[①]

二、依照数据应用场景的数据分类保护方案

目前,学界和实务界对数据相关法律问题的讨论,通常的做法是不加区分地将不同类型的数据作为统一讨论的对象。这种做法忽视了不同类型的数据在法律特征、法律属性、权利内容及保护方式上均存在差异,既导致了理论逻辑上难以自洽,也使得司法实践适用出现混乱。数据要素只有结合具体应用场景才能实现价值最大化,这也决定了数据权益界定及数据保护高度依赖数据应用场景。其中,数据分级分类是数据权益的界定基础与预期设定,数据权属或权益是对数据分级分类的内涵揭示及结果表达,只有以明确的数据分级分类为前提,才能实现更加科学精细的数据权属配置安排,确立系统规范的数据使用规则。

事实上,明晰数据(信息)的分类分级标准已成为近期国家和地方层面

---

① 针对该部分内容的具体论述,可参考陈兵:《激发数据要素的生命力与创造力》,《人民论坛》2021 年第 5、6 期合刊(2 月中下合刊)。

制定相关数据立法草案的重要内容。譬如,《中华人民共和国网络安全法》第二十一条的规定,网络运营者应当采取数据分类、重要数据备份和加密等措施。《中华人民共和国数据安全法》将数据界定为"任何以电子或者其他方式对信息的记录",并明确区分个人信息和具备公共利益的重要数据。第十九条提出,国家根据数据在经济社会发展中的重要程度,以及一旦遭到篡改、破坏、泄露或者非法获取、非法利用,对国家安全、公共利益或者公民、组织合法权益造成的危害程度,对数据实行分级分类保护。故此,对数据要素进行科学合理的分类分级,已成为当前数据要素市场有序建设和健康运行的基础,唯有如此才能使精细化和差异化的数据权益保护措施真正发挥作用,最大化地挖掘和实现数据价值。鉴于此,有必要结合数据运行全周期、全空域、全流程及全价值下的具体场景对其进行科学化和精准化的分类分级,并在此基础上确立数据要素权益在不同场景下的具体内容、存在形态以及保护方法。

首先,依照数据场景确定数据的性质和类型。如表2-1所示,通过将数据功能和价值实现场景确定的数据类型作为横向维度,将与数据相关行为分类方式确定的数据类型作为纵向维度,发现这两类维度的整合能够更加全面精准地反映数据在不同场景下、不同产业链中的动态流通样态,多维立体地反映出不同场景下不同类型数据所关涉数据权益内容的差别,以及同一类型数据在不同场景下的权益内容和对应保护方式的演变。

从横向维度来看,可以按照数据功能和价值的实现场景对数据进行分类,分为商业数据、工业数据、社会数据、自然数据,在此分类方法中,前三类数据主要基于人类生产生活产生,数据来源主体包括个人、企业、政府、团体等;自然数据来自对自然地理环境的特征和流变、自然资源的分布等自然环境的分析结果,构成了企业进行产业布局、工业生产和产品改进的重要数据。同时,从纵向维度来看,立足于数据流转的全周期,依照与数据相关行为,即数据采集行为、数据计算行为、数据服务行为以及数据应用行为的发生场景为动态基准的分类方法,可以将数据区分为原始数据、衍生数据、派生数据,其中,衍生数据是对原始数据进行加工、处理并具有财产价值和增值价值的数据类型,派生数据则是在数据服务行为和数据应用行为中对衍生数据的二次利用或再度加工处理形成的各类数据资产形态。①

表 2-1　数据多维场景下数据类型和数据权益的梳理

按数据功能 / 按数据行为	商业数据	工业数据	社会数据	自然数据
原始数据	个人用户权益 企业用户权益	个人用户权益 企业用户权益	个人用户权益 企业用户权益 社会公共权益	社会公共权益
衍生数据	个人用户权益 企业用户权益	个人用户权益 企业用户权益	个人用户权益 企业用户权益 社会公共权益	企业用户权益 社会公共权益
派生数据	企业用户权益	企业用户权益	企业用户权益 社会公共权益	企业用户权益 社会公共权益

　　具体到新基建领域,结合新基建不同的工业应用场景,还可以对新基建领域的工业数据做进一步分类。从新基建赋能的产业类型来看,其不仅能为制造业提供基础设施,还能为数字服务业提供强大支撑,这导致新基建涉及的数据类型覆盖工业、商业、社会等诸多领域,故此,借鉴 2020 年 2 月工业和信息化部印发的《工业数据分类分级指南(试行)》进行工业数据的具体分类,在具体数据类型的应用场景下探讨数据权益及其归属问题。类似地,商业数据、社会数据及自然数据仍可展开进一步分类,从而建立与具体数据类型相适应的数据保护方式和数据使用规则。

三、确立多元主体共益的动态场景化权益配置

　　通过确定不同属性和类型数据所涵盖的数据权益,在具体场景中依照不同主体的合理预期来确定数据使用行为的边界,制订数据权益的动态保护方案。具体而言,数据权益的动态场景化保护需要重点关注以下两个问题。

　　第一,对于数据在不同场景下涵盖不同主体之权益主张的事实,应注重具体场景中私主体利益、社会经济利益、公共利益等多元利益的合理平衡。不同类型数据在不同场景下,甚或同一类型数据在数据全周期各个阶段所关涉的

---

　　① 陈兵、顾丹丹:《数字经济下数据共享理路的反思与再造——以数据类型化考察为视角》,《上海财经大学学报》2020 年第 2 期。

数据权益具有差异性(见表2-2),对于涵盖多种权益诉求的数据权属配置,不是简单地将其数据归属于某一方,而是寻求该类型数据之上包括个人权益、企业或团体利益和社会利益在内的多元利益和价值有效实现的法律安排。譬如对于原始数据,则需要将用户数据隐私保护作为该阶段的保护重点,对于衍生数据,则在强调保护企业竞争性财产权益,鼓励数据流通利用的同时,保留用户对仍具有个人可识别性的数据享有自主决定的权益。

表 2-2　新基建下工业数据类型细化

生产制造领域	研发数据(研发设计数据、开发测试数据等)
	生产数据(控制信息、工况状态、工艺参数、系统日志等)
	运维数据(物流数据、产品售后服务数据等)
	管理数据(系统设备资产信息、用户与产品信息、产品供应链数据、业务统计数据等)
	其他数据(与其他主体共享的数据等)
应用服务领域	平台运营数据域(物联采集数据、知识库模型库数据等)
	企业管理数据(客户数据、业务合作数据、人事财务数据等)

需要说明的是,当数据之上的私益和公益存在交集和冲突之时,通常应以公共利益或公共政策为优先进行数据共享和流通。只有公共利益最大化地实现,数据的财产性利益与经济效率及个人数据的人身和财产权益才能得到切实有效的保障。这一点在欧盟《通用数据保护条例》第八十九条规定也有所体现,即个人数据的访问权、更正权、限制处理权、携带权等权利应当受到公共利益、科学研究及历史统计的限制。

第二,关注不同主体在不同场景下对数据流通共享和权益保护的差异性需求。首先,对于企业、社会团体具有的竞争性财产权益需要强化保护,网络运营者在数据的合法采集、分析和利用过程中付出了劳力、物力、财力等资源投入,是其享有数据财产权益的主要原因,强化竞争性财产权益保护,能够鼓励数据的共享和流动,最大限度地挖掘数据价值,促进数据产业有序自由竞争和健康良性发展。其次,对于拥有海量数据资源的国家、各级政府以及各类公共事业部门,应在对国家秘密、商业秘密和个人隐私进行脱敏化或匿名化处理的前提下,鼓励和强化对其拥有的公共数据进行合法有序的跨部门、跨区域开放和共享,使社会各界能够更加自由便捷地自由利用、再开发和共享这些原始性和开放性数据,更好地服务社会经济发展。最后,对于具有社会公共属性的商业数据,应当兼容商业数据和公共数据各自对数据流通共享的不同需求,在保护好商业数据收集处理相关方的竞争性财产权益的同时,鼓励合法主体对该类型数据实施安全有序的共享流通。

四、构建基于数据分级分类的场景化保护方案

数据分级保护与分类保护是数据保护的两大关键面向,二者相辅相成。其中,数据分类是把具有共同属性、功能和特征的数据归并在一起,对具有共性的数据给予相同类型和层级的保护,赋予同种程度的共享。上述将数据分为商业数据、工业数据、社会数据和自然数据就是以数据功能和价值为基准进行的类型化归并。而数据分级侧重于划定数据安全受到损害的后果性标准,即根据不同场景下对个人、企业、社会和国家权益受到侵犯或安全遭受损害的程度进行数据级别划分,同一级别的数据应当受到同等程度的保护,并依此构建相应的技术保护体系。譬如,根据《个人信息安全规范》,个人数据可以划分为一般数据、敏感数据和高度敏感数据三种保护级别。基于此,可以考虑对安全水平、敏感程度的不同等级数据分别采取严格保护、内容监管、鼓励流动、强制公开等不同管理方法的数据利用规则,并分别建立不同授权和责任模式的数据处理规则。

1. 基于场景敏感级别的知情同意机制

美国学者海伦·尼森鲍姆(Helen Nissenbaum)提出的"场景化公正"(Contextual Integrity)理论,强调将"场景性公正"作为判断隐私是否受到损害的基准,其核心原则在于数据(信息)的收集和流通应当契合具体场景。用户数据的收集、使用与场景高度相关,不同场景下用户数据的收集、使用的方式和程度取决于该场景下用户偏好或期望,即用户数据的收集和使用是否合理(表现为得到用户的信任)取决于相应场景下数据行为的可接受性或是否为用户的"合理预期"。具体而言,用户对其数据的同意授权并非简单的"是与

否",而应当在具体场景中动态平衡数据收集、存储、分析、计算、分享等行为中可能存在的风险,用户对企业披露的数据用途的理解,用户年龄及对互联网技术的熟悉程度等诸多因素的复杂性和差异性,甚至在数据的区域性收集和流动过程中,地理因素、文化因素等都会影响用户对数据处理行为的可接受程度。数据企业需根据具体场景中对用户数据利用的合理程度来制定更有效的数据保护规则,避免脱离具体场景下的所谓严格保护,甚至过度保护带来的数据冻结乃至数据封锁。

譬如,在数据使用主体收集用户数据后的处理行为中,若对用户数据的使用未超出收集用户数据时的合理预期,则可免予用户的再次同意,以此减少数据使用主体的合规成本。如果,数据使用主体将用户数据用于其他不属于合理预期的目的或使用行为存在中等风险、中等敏感度时,应当以有效通知的方式向用户告知可能存在的风险,并提供用户方便操作的选择退出机制。特别是如果数据使用主体处理数据的行为超出最初收集用户数据的合理预期,存在高风险和高敏感度时,数据使用主体应当为用户提供即时显著的强化通知机制。当用户在高风险和高敏感度的场景下选择披露数据时,数据使用主体应当主动帮助用户降低风险,譬如针对无须关联到特定个人的数据使用行为,数据使用主体应当主动采取数据分类脱敏或"去标识化"处理。据此可见,赋予用户在参与数据相关行为中自主决定的权益,评估数据在具体场景下的运行风险,实现用户在数据之上的个体权益与企业权益的平衡,能够有效降低数据使用主体使用数据的合规成本,促进数据安全保护与高效利用之间的协同与融合。①

2. 基于数据安全等级的场景化保护措施

除了结合具体应用场景建立场景化授权模式之外,还可以设置科学标准的分级原则对不同级别数据采取差异化的安全等级保护标准,从而为数据的开放和共享提供安全策略。数据的分级是数据重要程度的直观化展示,应当考虑数据之上所涵盖的国家安全、公共利益、企业利益或个人利益,及数据安

---

① 针对该部分内容的具体论述,可参见陈兵、马贤茹:《互联网时代用户数据保护理路探讨》,《东北大学学报(社会科学版)》2021年第1期。

全性受到损害后对各类权益产生的影响程度,根据数据类型、数据规模、数据内容、应用场景判断数据是否能够公开,以及不同类型数据的受保护程度。数据的密级程度有高低之分、有是否可公开之别,敏感等级不同的数据对内使用时受到的保护策略不同,对外共享开放的程度也不同。

如表2-3所示,一级数据通常为可被公开或可被公众获取和使用的数据,其安全性如若受到破坏,至多可能对个人或企业权益带来微弱影响,不会对公共利益和国家安全造成影响;二级数据通常为针对受限对象公开,不宜广泛公开的数据类型,其安全性如若受到破坏,可能对个人和企业权益带来轻微的影响,但不会对公共利益和国家安全造成影响。以此类推,直至五级数据,其是不同行业或领域中仅针对特定人员公开和使用的数据,数据安全性受到破坏后,会对国家安全造成影响或对公共利益造成严重影响。

表2-3 基于数据分级的场景化保护措施(考虑数据类型、数据规模、数据内容、应用场景)

数据级别	个人权益	企业权益	公共利益	国家安全	数据保护程度评估
一级数据	无影响/微弱影响	无影响/微弱影响	无影响	无影响	可被公开/可被公众获取和使用
二级数据	轻微影响	轻微影响	无影响	无影响	针对受限对象公开,不宜广泛公开
三级数据	一般影响	一般影响	轻微影响	无影响	仅针对特定人员公开和使用
四级数据	严重影响	严重影响	一般影响	无影响	仅针对特定人员公开和使用
五级数据	—	—	严重影响	有影响	仅针对特定人员公开和使用

数据要素积极用于市场流通、分配和交易的过程,亟待解决的是数据要素的权益属性、权益内容、权益归属及保护路径等问题,这是建立健全数据要素市场规则的逻辑前提。正如科斯定理表明,只要财产权是明确的,并且交易成本为零或者很小,那么,无论在开始时将财产权赋予谁,市场均衡的最终结果都是有效率的,可以实现资源配置的帕累托最优。换言之,明确产权制度是优化资源配置的基础。数据要素权属配置的核心,在于明晰数据权益(权利)的

属性、主体、客体、权益分配机制等关键性问题。在此基础上,才能够进一步明确数据控制、使用和处理主体的行为边界和法律责任,激励权利(权益)人持续创造,合法合规地实现数据要素的高效流通、有序交易与价值释放。新基建下涉及的行业领域和业务类型广泛,关涉主体多元,数据权益诉求各异,数据权益分配和责任划分更为复杂,已有的数据权属问题在新基建自身建设和带动上下游产业链发展的过程中将越发凸显。特别是来自不同应用场景和产业链的数据形成了动态聚合体,数据体量逐渐增大,数据类型不断丰富,数据层级关系更加复杂,因此在此过程中的数据确权问题将越发多样化。基于此,数据权属分配必须放在数据开发利用的动态价值链中来进行设计,在数据价值实现和价值递增的过程中,考虑不同主体在新基建的各类场景下,所具有的不同权益诉求和价值贡献,并赋予动态性激励差别和动态场景化权益配置。唯有施以科学规范的数据权属构造,才能更好地协调新基建产业链各环节的数据协同运作,确保用户、企业和社会公共组织对数据中心的自主可控,保障数据中心的数据收集、存储、传输、处理等生产全周期的安全合规。

第三章　新基建与数据竞争治理法治化

　　新基建是适应数字经济时代发展要求的数字化基础设施建设,所要建设的具体内容既包括物联网、数据中心、5G 网络、人工智能、工业互联网等数字经济时代的新型基础设施,也包括铁路、公路等传统基础设施的数字化升级。

第一节　新基建对数据竞争治理的内在要求

一、新基建展开需要以数据为关键生产要素

　　具体而言,物联网主要是在互联网的基础上通过各种感应装置和识别技术来实现物与物、物与人的连接,从而可以收集更广泛、更实时化的数据;数据中心作为对种类繁多、数量庞大的数据来进行传递、加速、展示、计算、存储的设备网络,其与数据的关联性则更为直观;5G 网络的作用主要在于以更高的速度与更好的质量来传输数据;人工智能的建设则以大数据为基本要素,通过算力与算法的支持,经过"做中学"的训练,可以推出更优化的商品与服务,此可谓实现数据利用、数据价值的技术基础;工业互联网更是以数据为基本投入要素,将人、数据与设备连接起来,从原材料采购信息的充分获取、买方定制信息的传递、生产的数字化管控直到销售渠道乃至售后服务的革新,这一整套产业链条都离不开数据的收集与利用。

　　此外,以铁路、公路为代表的传统基础设施的合理化新建与效率提升也都离不开数据的应用,通过对这些应用新技术而建设起的设施进行持续的数字化使用和挖掘,则可以产生更为丰富的数据,通过数据的合理收集、共享、流通与利用,可以进一步提高效率,从而实现经济发展的乘数效应。

概言之,新型基础设施建设是数字经济时代的必然要求,新冠肺炎疫情对我国新基建的推进起到了加速作用。在这种现实经济背景下,新基建既担负着缓冲当下疫情带来的经济冲击的作用,也担负着在数字经济时代提高我国国际竞争力的长远作用。新基建贯穿影响数据收集、加工、应用的全过程,新基建本身需要数据的支持,新基建所推动的数字经济的发展亦需要数据的支持,因此,新基建时代呼唤更加完善的数据法治。

数据法治要求对数据进行全方位、立体化的法治体系建设,治理的内容囊括数据的采集获取、数据的加工使用、数据的流通共享等各层面,可涉及个人信息保护、政府数据的合理公开与共享、数据权属等诸多法律问题,其中数据的竞争法治则主要探讨在市场中经营者围绕数据要素的获取或数据要素的使用而展开经营活动所可能触发的不正当竞争行为、限制竞争行为与不公平交易行为,旨在辨明各类竞争行为的违法性判断基准,为数据要素市场的良性竞争提供标尺,维护新经济环境下公平的市场竞争秩序与交易秩序,最终促进效率的提升、激励创新的发展、保障消费者的福利。

二、作为生产要素的数据的竞争样态与本质

作为新基建重要板块的数据中心建设、5G 网络、人工智能产业发展等,都要求数据的高效流通与共享,不仅需要海量且多样化的数据,还需要高质量数据的持续供给。然而,在数字经济领域,特别是平台经济领域已经出现了一些数据霸权、数据权益滥用行为,形成阻碍数据共享与流通的隐患。为保障新基建的顺畅发展,需要总结分析阻碍数据流通症结之所在,加强数据竞争法治的完善,营造良好的数据竞争秩序。

(一)链接"封禁"行为

2013 年 11 月 25 日,继 W 公司封杀 A 公司旗下社交工具链接之后,手机端也关闭了从 W 公司跳转到 T 公司商品和店铺的通道。在 2015 年 2 月,也出现了 W 公司封禁 Z 公司红包链接的情况。2020 年 2 月 29 日,在因疫情而导致大量企业开启远程办公的背景下,F 公司发布官方公告称,相关域名被 W 公司全面封禁,并且单方面被 W 公司关闭了可分享的 API 接口。

综上可见,商业领域发生的各类"封禁"行为一般来说是针对有竞争利害

关系的经营者,其本质是平台利用其所掌握的海量数据及技术优势来进行的竞争行为,是典型的互联网领域流量为王、赢者通吃的营商理念和行业特征的本能反应,甚至成为互联网经营者之间彼此竞争的一种常态。但是,当平台以"封禁"链接来排除、限制竞争时,给消费者的自由选择与业界的持续创新造成障碍,危害到市场上公平与自由的竞争秩序,就有必要对其进行规制。

(二)平台强制"二选一"行为

大型电子商务平台要求入驻商进行"二选一",实际上是逼迫平台内经营者只能与其进行独家合作。此类行为由来已久,早在2015年10月1日起施行的《网络商品和服务集中促销活动管理暂行规定》(以下简称"暂行规定")第十一条中就明确规定平台经营者不得违反《中华人民共和国反垄断法》《中华人民共和国反不正当竞争法》等法律、法规、规章的规定,限制平台内经营者参加其他平台组织的促销活动。然而该暂行规定并没有对"二选一"等不公平交易行为起到威慑作用,大型平台逼迫平台内经营者进行"二选一",或者强制平台内经营者参与促销活动等行为甚至呈现愈演愈烈之势。

据报道,2015年11月3日J公司曾向国家工商总局实名举报A集团扰乱电子商务市场秩序,称其不断接到商家信息,反映A集团在"双11"促销活动中胁迫商家"二选一",导致商家无法正常参与J公司的"双11"促销活动。2017年"6·18"A集团再次被爆出强迫商家"二选一",已有女装品牌因不堪重压关闭其在J公司的旗舰店,作为应对措施,J公司则锁定部分商家后台,导致部分商家无法进行清理库存操作,此外,也有某电商平台公开指责其竞对平台强行通过优惠券、满额返现的方式进行补贴,造成某电商平台损失巨大。①

平台强制"二选一"行为本质上还是平台基于数据、技术与用户黏性所产生的优势地位而实施的竞争行为,从被强制的交易相对方的角度来看,该行为可能构成不公平交易行为;从其他有竞争关系的平台的角度来看,该行为可能构成不正当竞争行为;从维护自由的市场竞争秩序的角度来看,该行为则可能构成滥用市场支配地位排除、限制竞争的行为。

(三)"大数据杀熟"行为

曾有消费者反映用自己使用频度不同的两个账号登录同一平台,使用频

---

① 寇佳丽:《京东淘宝大战 二选一涉嫌违法》,《经济》2017年第13期。

度高的账号登录时,网页上所显示同一商品的价格反而比使用频度低的账号检索价格要高,而且价格差异还相当悬殊,这就是典型的大数据差别定价的表现。"大数据杀熟"是一种"对人不对物"的定价方式,商品或服务定价并非依据商品本身的性质功能,而是根据对消费者心理与行为的分析结果。"大数据杀熟"行为并不包括诸如出租车交通高峰时段与平常时段的差别定价,因为高峰时段与平常时段的差别定价并不是因人而异的,这种差别反映的还是市场上的需求与供给情况,也会起到平衡需求与供给的效果;也并不是指保险、信贷产品当中因交易相对方个人资信情况而进行的差别待遇行为,这种差别的存在并不是以个人的支付意愿和支付能力为基准的,本质上是基于成本的差异性而产生的,因为个人资信情况等因素会影响相关金融、保险产品的成本。

"大数据杀熟"的本质是以大数据分析为基础的差别定价,是指基于大数据和算法,对新老交易相对人实行差异性交易条件,或者基于大数据和算法,根据交易相对人的支付能力、消费偏好、使用习惯等,实行差异性交易条件。"大数据杀熟"行为若被具有市场支配地位经营者所实施,在消费者没有其他可选择性替代商品或服务时,根据行为所引发的差别定价程度、持续时间、影响消费者的范围,相关行为可能构成剥削性滥用。

（四）引发数据集中的并购

2014年,国内知名电商巨头收购杭州某电子集团曾经引发金融界的广泛关注,而引起基金、券商界不安的核心问题在于数据,有业界人士表示该电商巨头立志要做大数据的金融云服务,其收购行为,等于间接控制了该领域的电子服务开发和供应商,这就相当于掌握了绝大部分金融机构的后门,那么对相关金融数据的获取与使用问题不得不令人担忧。对此,该电子集团电子执行董事、总裁在投资者大会上表示,他们只是向金融机构提供金融互联网技术软件,软件交付后由客户自行运营与管理,公司及其公司的技术开发人员、运行维护人员及工程建设人员不可能获取,更加不可能泄露金融客户的数据,金融数据的储存与产权完全归客户控制与所有。商务部在对该项收购的经营者集中审查过程中,经过征求各相关产业部门的意见及进行专门课题研究,最终决定无条件批准该项交易。

上述收购事件已经充分体现出业界对数据集中的高度关注,也折射出数据在市场支配地位认定与限制竞争效果分析中的重要地位。2021 年 2 月 7 日,国务院反垄断委员会印发《国务院反垄断委员会关于平台经济领域的反垄断指南》,其中提到评估平台经济领域经营者集中的竞争影响可以考虑经营者掌握和处理数据的能力,对数据接口的控制能力及其他经营者获取数据的难度等因素。在救济措施方面,国务院反垄断执法机构既可以决定剥离数据等无形资产也可以决定开放数据。

第二节　数据竞争治理面临的法治挑战

现代竞争法律制度的基本出发点是建立和维护公平自由的竞争秩序,其基础在于确保有效竞争①的实现。影响有效竞争的因素主要来自企业(经营者)行为、市场结构和国家(政府)干预三方面。② 对一国竞争法治体系的评析也应立足以上三个方面展开。企业(经营者)行为、市场结构属于市场维度的因素,国家(政府)干预则属于政府维度的因素,所以影响有效竞争的因素本质上仍来源于政府和市场两大基本维度,故此对数据要素市场有效竞争的分析本质上仍是以政府和市场的协调为基本出发点。

目前,我国数据要素市场公平自由竞争生态的构建在这三个层面主要面临以下问题:在企业(经营者)层面,新型不正当竞争和垄断行为不断冲击现有竞争法律制度;在市场结构层面,区域数据交易平台分立导致市场壁垒的产生;在国家(政府)层面,行政权力的不当干预滋生行政性垄断风险。故此,需从我国当前数据要素市场在三个层面存在的问题出发,探索更新数据竞争法治的规范进路。

---

① 按照是否产生经济效率,竞争可分为有效竞争(有效率竞争)和无效竞争(非效率竞争)。有效竞争是市场发展和竞争法追求的理想状态。

② 参见[日]丹宗昭信、伊从宽:《经济法总论》,吉田庆子译,中国法制出版社 2010 年版,第 136—141 页;刘继峰:《竞争法》,对外经济贸易大学出版社 2007 年版,第 17—18 页。

一、数字竞争新样态冲击现有竞争秩序

对经济利益的追逐催生企业的不正当竞争和垄断行为,从而导致竞争机制的扭曲和破坏。不正当竞争和垄断是企业破坏竞争机制的主要行为形式,也是竞争法规制的主要对象。数据要素市场以互联网技术和数字数据技术等现代技术为依托,产生动态竞争、多边竞争、跨界竞争、平台竞争等多种业态,导致竞争的手段和场景发生重大变化,因而数据要素市场上的不正当竞争和垄断行为相较于传统的行为形式而言,又具有了新的样态。因此,有必要分析数据要素市场上新型不正当竞争和垄断行为的现状,为数据要素市场上竞争法治的完善提供现实基础。

(一)不正当竞争行为

数据要素市场上企业竞争的关键在于数据优势的取得,因此一些企业为了在竞争中抢占先机,不择手段地攫取更多数据要素或阻止竞争对手获取数据,由此引发不正当竞争问题。据此,数据要素市场上新型不正当竞争行为大致可分为两类:一是非法获取竞争对手的数据,主要是在不符合授权同意等法定程序和条件的情况下抓取竞争对手的数据;二是非法阻止竞争对手获取数据,主要是通过设置交易障碍、市场壁垒和网络屏蔽等违法方式阻碍竞争对手获取数据。数据流通、交易、共享等行为应在法律框架内进行,通过合法的数据流通、交易、共享等行为所取得的竞争优势,自然应受法律保护。而上述不正当竞争行为已经违反法律规定①,构成对竞争秩序的损害,其本质是以非法手段获取竞争优势,因此需受到竞争法规制。譬如,在我国现行反不正当竞争法律实施中对非法抓取数据的行为(如流量劫持、插入链接、强制跳转等),与无正当理由妨碍数据传输的行为(如恶意不兼容、干扰、妨碍行为等),都体现了规制"非法获取"与"非法妨碍"的必要。

上述新型不正当竞争行为在《中华人民共和国反不正当竞争法》框架下

---

① 《中华人民共和国反不正当竞争法》第十二条规定:"经营者不得利用技术手段,通过影响用户选择或者其他方式,实施下列妨碍、破坏其他经营者合法提供的网络产品或者服务正常运行的行为:(一)未经其他经营者同意,在其合法提供的网络产品或者服务中,插入链接、强制进行目标跳转;(二)误导、欺骗、强迫用户修改、关闭、卸载其他经营者合法提供的网络产品或者服务;(三)恶意对其他经营者合法提供的网络产品或者服务实施不兼容;(四)其他妨碍、破坏其他经营者合法提供的网络产品或者服务正常运行的行为。"

并不能得到有效规制。《中华人民共和国反不正当竞争法》第二章规定的几类特殊不正当竞争行为主要是传统竞争行为,数据要素市场涌现出的新型不正当竞争行为并不能完全有效地纳入其中,因而只能适用第二条的一般规定,这在我国近年来一些涉及数据的不正当竞争纠纷典型案件审理中便可见一斑。近年来数据市场上一些竞争纠纷案件审理过程中法院适用的法律情况见表3-1。

表3-1　近年来数据要素市场不正当竞争典型案件法律适用情况

案件	审理法院	年份	案由	不正当竞争行为	不正当竞争行为认定适用的核心法条
B诉Q流量劫持案	北京市第一中级人民法院	2013	不正当竞争纠纷	流量劫持	《中华人民共和国反不正当竞争法》第二条
X诉M抓取用户数据案	北京市海淀区人民法院	2016	不正当竞争纠纷	数据抓取	《中华人民共和国反不正当竞争法》第二条
C诉H屏蔽广告案	北京市东城区人民法院	2017	不正当竞争纠纷	数据屏蔽	《中华人民共和国反不正当竞争法》第二条
T诉M大数据产品侵权案	杭州铁路运输法院	2018	不正当竞争纠纷	数据抓取	《中华人民共和国反不正当竞争法》第二条
W诉Y群控营销系统案	杭州市西湖区人民法院	2020	不正当竞争纠纷	数据屏蔽	《中华人民共和国反不正当竞争法》第二条、第八条、第十二条第四项

目前,我国并未针对数字经济和产业制定专门的竞争规范,制度的缺失使得数据要素市场上一旦发生竞争纠纷并诉至法院,则司法机关在案件审理过程中只能依据一般性条款进行审理,即《中华人民共和国反不正当竞争法》第二条。然而,一般性条款内容宽泛,缺乏不正当竞争行为的具体认定标准,导致在数据要素市场下不正当竞争行为的判定面临一定困难,主要存在竞争关系的法律地位和行为正当性的认定标准问题。

在上述案件的多数判决书中,法院在认定不正当竞争行为的过程中,将"竞争关系"作为认定不正当竞争行为的前提,这也是目前数据要素市场竞争案件中司法实践的通常做法。然而数据要素市场竞争受互联网经济去中心化和去结构化发展的深刻影响,其模式和行为呈现为跨界竞争与多维竞争样态下的流量争夺与数据占有,日渐成为覆盖整个互联网市场的统合型竞争,其核心判别标准在于竞争行为对数据权益的影响,因而具有不同于传统市场竞争的新特征,竞争关系的前提条件正在不断消解,与竞争行为之间已无必然的因果关系①,这在 2018 年杭州互联网法院判决的微信生态系统不正当竞争案②中已有所体现。故此若仍固守以竞争关系为不正当竞争行为前提的立场,则与数据要素市场的竞争现状不相适应。

就行为正当性而言,法院在上述几个案件的判决书中均借助商业道德或者行业惯例来论证竞争行为是否正当,然而商业道德和行业惯例这些内容既缺乏法律法规的明确规定或认可,也没有一个社会或者业内一致认同的标准,更没有法律规范所具有的强制性和普适性,数据要素市场条件下"商业道德""行业惯例"的内涵也必然需要重新审视。将这些内容作为主要依据的案件审理本质上是将法律问题道德化。诚然,道德因素确是案件审理中应当考量的方面,法律规范本身也包含了一定的道德标准,然而在竞争法这类经济案件的审理中主要依靠道德标准进行价值判断而缺乏具体的规范性、经济性分析,不仅不利于案件的公正审理,同时也对数据要素市场的发展产生负面效应。③

总之,数据要素市场的发展对现行《中华人民共和国反不正当竞争法》形成冲击,凸显了一般性条款的缺陷,难以有效规制数据要素市场上的竞争。故数据要素市场需要适合自身发展现实的特殊性竞争规范。而今这一问题已经得到实务界和理论界的重视并在近年来的立法和修法中有所体现。2017 年《中华人民共和国反不正当竞争法》修订新增第十二条"互联网专条",《中华人民共和国数据安全法》则针对数据安全作出专门规定。这些立法、修法活动的开展对数据要素市场的建设具有一定的积极促进作用。但是这些法律本

---

① 参见陈兵:《互联网经济下重读"竞争关系"在反不正当竞争法上的意义——以京、沪、粤法院 2000—2018 年的相关案件为引证》,《法学》2019 年第 7 期。

② 参见杭州铁路运输法院(2018)浙 8601 民初 1020 号民事判决书。

③ 参见陈兵:《互联网新型不正当竞争行为审裁理路实证研究》,《学术论坛》2019 年第 5 期。

身并不直接规制数据要素市场,仅在某些条款涉及数据要素市场的部分内容,缺乏针对性且行为类型并不周延,总体上仍然与我国数字经济和数据市场飞速增长的现实不相适应。

(二)垄断行为

数据要素市场的核心在于各类数据产品和服务的供给,而数据产品和服务又均依赖于数据要素,因此一些企业通过增强对数据要素的控制,取得数据优势,进而借助数据优势排除、限制竞争,由此产生数据要素市场的垄断行为。目前国外频频发生此类新型垄断行为案件(见表3-2)。

表3-2 近年来国外一些影响较大的涉及数据要素垄断行为案件

案　件	所涉垄断行为	年份	涉及数据要素的内容
德国 Facebook 非法收集用户隐私案①	滥用市场支配地位	2020	非法收集用户数据
HiQ 诉领英案②	滥用市场支配地位	2017	数据原料封锁
Facebook 收购 WhatsApp 案③	经营者集中	2016	数据原料封锁
Topkins 价格协议案④	垄断协议	2015	算法共谋

数据要素市场上的垄断行为目前主要有以下表现形式:

一是数据驱动型经营者集中。居于优势地位的企业基于获取数据的目的,通过合并、收购等方式兼并其他数据企业从而取得数据优势,并进而形成垄断。这种集中一方面有助于数据企业获取其他企业的数据和技术用于自身数据产品和服务的开发与优化,从而获得更多交易机会;另一方面能够减少数

---

① 参见《脸书败诉! 德最高法院:滥用市场支配地位　非法整合旗下平台数据》,《南方都市报》2020 年 6 月 24 日。

② 参见《HiQ Labs 与 LinkedIn 领英的数据纠纷》,威科先行,见 http://lawv3.wkinfo.com.cn/topic/61000000455/8.HTML。

③ 参见《Facebook 收购 WhatsApp 误导欧盟被罚 1.22 亿美元》,网易科技,2017 年 5 月 19 日。

④ 参见《美首例电商反垄断案落定　亚马逊第三方卖家被罚》,《中国价格监管与反垄断》2015 年第 4 期。

据要素市场上数据产品和服务的供给主体,从而减少竞争,巩固企业的竞争优势。

二是滥用市场支配地位。数据的集中会使企业拥有数据要素市场的支配力量或优势地位,并产生潜在的滥用市场支配地位的风险及危害。譬如,一些大型平台企业借助自身数据优势采取拒绝交易、价格歧视等行为,打压对自身市场利益构成威胁的企业。

三是算法共谋。数字经济下相关市场上的经营者通过输入市场数据,借助相同或者类似的算法,即可在无须联络的情况下共同作出使彼此都能获益的经营决策,联合消除竞争,并借助数据的反馈机制,联合限制、排除偏离协议的其他经营者,由此达成并巩固垄断协议,实现排除、限制竞争的目的。目前这些行为在我国表现尚不明显,但已初露端倪。随着我国数据要素市场发展,新型垄断行为的规制问题在未来也将日益凸显,成为竞争法治必须回应的重大命题,因而必须加以防范。

数据要素市场上这些新型垄断行为对反垄断法构成挑战。在我国现行《中华人民共和国反垄断法》框架下,相关市场界定是反垄断分析的第一步[①],包括相关地域市场和相关商品市场的界定[②]。相关市场界定的核心内涵,在于寻找替代性的商品和服务,从而确定市场范围。[③] 目前界定相关市场的主要方法是以价格为核心量化指标进行产品和服务的替代性分析,即假定垄断者测试(SSNIP)法,借助假定垄断者价格上升后需求者的转向判定替代性商品和服务的范围。在此基础上,又衍生出 SSNDQ、SSNIC 等方法,通过商品质量下降、成本增加等方法进行替代性分析。然而数据要素本身具有流动性、多归属性、非排他性等属性,在投入具体的应用场景之前其价值也处于扁平化状态,其成本、价格和质量等方面难以进行准确评估,数据产品和服务又具有多元化和多重功能叠加特征,因而也难以找到相互之间可替代的因素,由此导致

---

① 《国务院反垄断委员会关于相关市场界定的指南》第二条第二款规定:"相关市场的界定通常是对竞争行为进行分析的起点,是反垄断执法工作的重要步骤。"

② 《中华人民共和国反垄断法》第十二条第二款规定:"本法所称相关市场,是指经营者在一定时期内就特定商品或者服务(以下统称商品)进行竞争的商品范围和地域范围。"

③ 《国务院反垄断委员会关于相关市场界定的指南》第四条第一款规定:"在反垄断执法实践中,相关市场范围的大小主要取决于商品(地域)的可替代程度。"

相关市场的认定也存在困难。

除了相关市场界定之外，数据要素市场还对限制、排除竞争效果的认定提出更高要求。《中华人民共和国反垄断法》在经营者集中的认定上规定其必须以实质上损害竞争且其损害效果大于增进社会公共利益的效果作为认定依据。① 这对于前述的数据驱动型经营者集中的反竞争效果认定造成困难。对经营者集中反竞争效果判定的传统依据主要是市场份额②或营业额③。然而该类经营者集中是通过增强企业的数据优势来使企业获得市场竞争力或支配力，往往并不会导致企业市场份额的显著提升，再加上数据要素本身的价值也难以用传统方法进行价格评估，故无法通过市场份额或营业额来判定其实施后的反竞争效果，数据的多归属性也导致无法根据数据量份额来判定反竞争效果，鉴于此难以对此种新型经营者集中的反竞争效果作出精准判断，从而影响对垄断行为的规制。

二、区域交易平台林立致数据市场分割

自2015年《促进大数据发展行动纲要》明确提出"引导培育大数据交易市场，开展面向应用的数据交易市场试点"后，在国家政策引导和产业界推动下，贵州、湖北等地率先探索大数据交易机制。2015年4月，贵州省成立全国第一家大数据交易所——贵阳大数据交易所。之后的几年中，上海大数据交易中心、安徽大数据交易中心等区域数据交易平台先后成立。目前，我国主要区域数据交易平台及其交易规则的情况见表3-3。

---

① 《中华人民共和国反垄断法》第三条规定："本法规定的垄断行为包括：（一）经营者达成垄断协议；（二）经营者滥用市场支配地位；（三）具有或者可能具有排除、限制竞争效果的经营者集中。"

② 《中华人民共和国反垄断法》第二十七条第一项规定："审查经营者集中，应当考虑下列因素：（一）参与集中的经营者在相关市场的市场份额及其对市场的控制力……"

③ 《国务院关于经营者集中申报标准的规定》第三条第一款规定："经营者集中达到下列标准之一的，经营者应当事先向国务院反垄断执法机构申报，未申报的不得实施集中：（一）参与集中的所有经营者上一会计年度在全球范围内的营业额合计超过100亿元人民币，并且其中至少两个经营者上一会计年度在中国境内的营业额均超过4亿元人民币；（二）参与集中的所有经营者上一会计年度在中国境内的营业额合计超过20亿元人民币，并且其中至少两个经营者上一会计年度在中国境内的营业额均超过4亿元人民币。"

表 3-3　目前我国主要区域数据交易中心及其交易规则的基本情况①

数据交易中心名称	设立机构	交易规则	规则主要内容
贵阳大数据交易所	贵州省人民政府	《贵阳大数据交易 702 公约》	1.经营范围:(1)大数据资产交易;(2)金融衍生数据的设计及相关服务;(3)大数据清洗及建模等技术开发;(4)大数据相关的金融杠杆数据设计及服务;(5)经政府部门批准的其他业务。2.数据类型:政府大数据、医疗大数据、金融大数据、企业大数据、电商大数据、能源大数据、交易大数据、交通大数据、商品大数据、消费大数据、信用卡数据、教育大数据、社交大数据、社会大数据。3.数据标准:另行制定。4.定价方式和交易模式:交易系统自动定价,实时浮动,连续交易。5.会员资格条件:(1)具有法人地位的数据整合及数据咨询公司;(2)注册资金大于 500 万元;(3)在组织形式、业务人员及技术风险防范方面符合交易所的规定;(4)承认大数据交易所的章程和业务规则,按规定交纳会员费、席位费及其他费用;(5)交易所要求的其他条件
上海数据交易中心	上海市人民政府	《数据互联规则》	1.经营范围:运用数据互联服务平台,开展数据及数据衍生品的使用许可流通及交易行为。2.数据类型:原始或经处理后的数字化信息,包括但不限于个人、企事业单位、社会团体等各类主体所持有或拥有的各类数据。分为实时数据、数据包、数据服务三种。3.数据标准:转译接入标准为 2exID,接入请求使用 http(s)协议,单次请求数据交换格式为 Protobuf。4.定价方式和交易模式:系统撮合数据供给方和需求方议定价格后达成交易。5.会员资格条件:在网站注册后审核通过即可,无特定条件

---

① 相关信息来自 199IT 数据导航网,见 https://hao.199it.com/jiaoyi.html。

续表

数据交易中心名称	设立机构	交易规则	规则主要内容
华中大数据交易所	湖北省人民政府	《华中大数据交易平台规则》	1.经营范围:发生在信息网络中企业之间、企业和消费者之间以及个人与个人之间通过线上或线下等方式对数据缔结的交易。2.数据类型:数据及数据衍生品,包括数据集、工具集和应用集三种。3.数据标准:API数据交易需遵循API标准。4.定价方式和交易模式:卖方自主定价、上传数据,买方下单购买。5.会员资格条件:在网站注册后审核通过即可,无特定条件
安徽大数据交易中心	安徽省人民政府	《安徽大数据交易中心交易规则》	1.经营范围:数据交易。2.数据类型:数据及数据衍生品,原始或经处理后的数字化信息,包括但不限于个人、企事业单位、社会团体等各类主体所持有或拥有的各类数据。3.数据标准:《大宗商品电子交易规范(GB)T/18769—2003》。4.定价方式和交易模式:卖方自主定价、上传数据,买方下单购买。5.会员资格条件:(1)经交易中心审核通过;(2)遵守国家法律法规,有良好的资信、商誉,无违法违规违约记录;(3)承认并遵守交易中心的交易规则及交易中心另行颁布的其他规章制度;(4)交易中心要求具备的其他条件

自由地加入或退出市场是公平自由竞争的重要内涵。美国学者梅森(Mason)认为,有效竞争概念包含行为标准、结构标准和成果标准三方面,其中"具备新企业参与市场的可能性"是结构标准的重要内容①。消除市场壁垒、保证经营者自由进出市场是竞争活动开展的前提。当前,区域性数据交易平台的搭建是数据要素市场化配置地方先行先试的必然之举,但也存在区际市场割裂的可能性,阻碍数据要素的跨区域流动和企业进入不同区域市场。这种障碍主要来自平台规则的巨大差异和区域资源分布不平衡两方面。

① 参见[日]丹宗昭信、伊从宽:《经济法总论》,吉田庆子译,中国法制出版社2010年版,第137页。

一方面,不同区域数据交易平台分别制定不同规则,对企业进入不同区域市场造成障碍。譬如,不同平台对数据格式标准规定不同且差异较大,企业在某一平台的数据无法直接参与另一平台的交易,必须进行数据格式的转换才能进行交易,无形中提高数据区际转移的难度,增加企业的交易成本,从而大大削弱企业进入新市场参与交易的动力甚至使企业放弃进入;不同平台会员资格条件宽严不一,资格条件较严格的平台"门槛"较高,大量企业因不满足条件而无法进入,因而被人为排除在特定区域市场之外;不同平台许可交易的数据产品类型也各不相同,同一类数据产品难以在不同区域的平台参与交易,对数据的跨区域流动造成障碍;同时,受制于数据的非排他性、可复制性、复用性等特征,各平台尚未明确数据确权规则,也对数据的跨区域流动形成阻碍。

另一方面,区域资源不平衡也与市场壁垒的形成紧密相关。目前,我国几个大型数据交易平台主要集中在东部地区。区域数据交易平台的搭建需要配套基础设施和算力资源的支撑,这就有赖于土地、电力、气候、地质等本地自然资源的利用。然而目前我国数据交易平台所需资源总体上呈现"西强东弱"①态势,与数据交易平台的建设情况之间表征出"倒挂"现象:东部地区资源短缺,而数据要素市场规模和产业基础却优于西部地区;西部地区资源丰富,而数据要素市场规模和产业基础却弱于东部地区。企业为获取更多经济利益,自然更愿意进入经济发展水平更高、市场前景更为广阔的东部数据要素市场进行交易,然而东部地区资源的相对缺乏决定其市场承载力不足,难以有效承接大量企业进入市场,从而对企业进入本区域市场造成客观妨碍,提高了区域市场壁垒形成的可能性。

总之,区域数据交易平台是对我国数据要素市场化配置的有益探索,然而区域数据交易平台之间缺乏统筹协调和资源分布的不平衡性却可能造成数据要素市场的区域壁垒,使企业难以进行跨区域竞争,影响数据要素跨区域流动,在一定程度上损害竞争的公平自由,妨害数据要素价值的充分实现和数据要素市场的有效竞争。

---

① 参见王建冬、于施洋、窦悦:《东数西算:我国数据跨域流通的总体框架和实施路径研究》,《电子政务》2020 年第 3 期。

三、政府不当干预滋生行政性垄断风险

当前我国数据要素市场建设主要依靠政府推动,我国地方数据治理机构和地方数据产业政策的主要内容见表3-4、表3-5。

表3-4　我国一些省、自治区、直辖市设立数据要素市场治理机构的基本情况①

省份	单位名称	数据要素市场治理相关职能
北京市	北京市经济和信息化局	起草并组织实施本市数据法规,监测分析数据产业运行态势
上海市	上海市大数据管理中心	起草并组织实施本市数据法规,统筹推进大数据产业发展
天津市	天津市大数据管理中心	推进大数据产业的统筹发展
贵州省	贵州省大数据发展管理局	负责全省大数据相关产业发展和行业管理
重庆市	重庆市大数据应用发展管理局	研究制定相关行业技术规范和标准并组织实施
辽宁省	辽宁省信息中心	制定数据标准规范
吉林省	吉林省政务服务和数字化建设管理局	制定数据技术规范和标准;负责数据安全保障体系建设
江苏省	江苏省大数据管理中心	推进大数据产业的统筹发展
浙江省	浙江省大数据发展管理局	推进大数据产业的统筹发展
安徽省	安徽省数据资源管理局	推进大数据产业的统筹发展
福建省	福建省大数据管理局	统筹规划和协调推进数据平台建设
江西省	江西省信息中心	推进大数据产业的统筹发展
山东省	山东省大数据局	推进大数据产业的统筹发展
河南省	河南省大数据管理局	协调服务大数据产业发展
湖北省	湖北省政府政务管理办公室	推进大数据产业的统筹发展
海南省	海南省大数据局	负责数据安全保障体系建设
内蒙古自治区	内蒙古自治区大数据发展管理局	推进大数据产业的统筹发展
广西壮族自治区	广西壮族自治区大数据发展局	推进大数据产业的统筹发展

---

① 机构编制的详细信息参见于施洋、王建冬、郭巧敏:《我国构建数据新型要素市场体系面临的挑战与对策》,《电子政务》2020年第3期。

省份	单位名称	数据要素市场治理相关职能
四川省	四川省大数据中心	推进大数据产业的统筹发展
云南省	云南省数字经济局	推进大数据产业的统筹发展
河北省	河北省大数据中心	推进大数据产业的统筹发展
广东省	广东省政务服务数据管理局	协调服务大数据产业发展

表 3-5　我国一些省、自治区、直辖市最新出台的大数据产业政策基本情况

省份	主要政策文件	大数据产业扶持政策的主要内容
北京市	《北京市促进数字经济创新发展行动纲要（2020—2022 年)》	支持数字经济领域的龙头企业和创新企业拓展融资渠道,打通相关产业链;用好用足北京市相关先行先试政策,研究制定相关新技术新产品示范应用支持措施,积极在北京市重点建设工程项目中应用
天津市	《天津市促进数字经济发展行动方案（2019—2023 年)》	大力发展数字经济,通过财税、人才、土地等各项政策扶持大数据产业发展
贵州省	《贵州省大数据战略行动 2020 年工作要点》	提出产业发展"万企融合""百企引领"目标,强调企业培育引进工作。在企业经营、区块链场景应用、运营平台、科研机构和实验室、技术创新及成果转化、金融、人才等方面给予政策支持
重庆市	《重庆市大数据行动计划》	加大对市级大数据重点项目在项目核准、财税优惠、用地保障、电力保障等方面的支持力度。设立重庆市大数据产业发展专项资金,优先对大数据领域项目提供资金支持。引导各类风险投资机构加大对大数据产业的投资力度
江苏省	《江苏省大数据发展行动计划》	在城市规划、土地使用、行业准入、税费减免等方面加大支持力度。引导各类风投机构投资大数据产业。鼓励金融机构开发符合大数据企业的金融产品。加大对政府部门和企业合作开发大数据的支持力度。将购买大数据服务纳入政府购买服务指导目录
浙江省	《浙江省促进大数据发展实施计划》	加大财政金融支持。鼓励政府采购大数据产品和服务。省工业和信息化发展等财政专项资金积极支持大数据产业发展。发挥各级政府产业基金引导作用,吸引社会资本设立大数据产业发展子基金。鼓励大数据企业进入资本市场融资

续表

省份	主要政策文件	大数据产业扶持政策的主要内容
福建省	《福建省促进大数据发展实施方案(2016—2020年)》	资金向大数据产业倾斜。完善政府采购大数据服务的配套政策。鼓励金融机构创新大数据产业金融服务。鼓励大数据企业进入资本市场融资。引导创业投资基金投向大数据产业。落实大数据产业重点园区用电优惠政策
河南省	《河南省大数据产业发展三年行动计划(2018—2020年)》	通过数据开放、投资模式创新吸引知名大数据企业在省内落户。将大数据相关产品和服务纳入政府购买服务指导目录,鼓励政府部门购买使用
湖北省	《湖北省大数据发展行动计划(2016—2020年)》	制定完善财政投入、政府采购、社会投资、技术创新和重大项目建设等政策支撑体系,着力强化财政扶持、金融支持、用地保障、电力供给等方面的扶持力度,形成政策合力
海南省	《海南省促进大数据发展实施方案》	加强资金统筹和投入,通过政府采购、服务外包、特许经营、政府和社会资本合作(PPP)等方式引进投资,逐步建立以政府资金为引导、以社会资金为主体的信息化投资建设机制。鼓励金融机构创新服务方式,用产业专项基金加大对云计算和大数据产业投融资力度
广西壮族自治区	《促进大数据发展的行动方案》	加大财税金融支持力度。通过财政后补助、间接投入等方式,支持企业和行业性组织建立数据平台。支持采用政府购买服务、政府和社会资本合作(PPP)、特许经营等多种方式引导社会资本参与公共数据服务建设。将工业企业大数据应用研究费用纳入加计扣除优惠政策范围。鼓励金融机构加大对大数据企业的支持力度
广东省	《广东省促进大数据发展行动计划(2016—2020年)》	统筹省工业和信息化发展专项资金支持大数据产业发展。加大对省大数据重点项目在项目核准、财税优惠、用地保障、电力保障、经费保障等方面的支持力度。对符合条件的大数据骨干企业给予相关政策支持

目前,我国大部分地区已经制定数字产业政策并设置专门机构扶持大数据产业发展,为数据要素市场发展提供助力。地方政府的积极作为确实起到助推数字经济发展、加快数据要素市场构建的积极作用,但另一方面也暗藏滥用行政权力、产生行政性垄断的隐忧。

首先,地方数据治理机构存在滥用行政权力干预市场的风险。地方数据治理机构负责本区域内数字产业治理,数据要素市场作为数字产业的组成部分,自然属其管理范围之内。这些机构均为地方政府自设,且其职能总体上侧重于宏观战略实施和统筹协调,权责内容较为宽泛笼统,从而为这些机构滥用行政权力干预市场大开方便之门。地方数据治理机构可能基于本地区经济、政治利益的考量,利用其权责规定的模糊性,实行地方保护主义,通过歧视性收费、歧视性资质要求、信息封锁等方式排斥外地企业进入本地市场,造成行政性垄断。再加之不同区域数据治理机构之间缺乏明确有效的协调机制,导致此种行政性垄断难以解决。

其次,地方数字产业政策存在破坏公平竞争风险。地方政府主要通过财税、土地、电力、行政审批等方面的政策优惠重点扶植数据企业发展,这些优惠政策会增强数据企业的市场力量,助长其竞争优势。然而参与数据要素市场竞争的不仅有新兴的数据企业,同时也有传统企业。这些产业政策的受益者主要是数据企业,传统企业受益较少,由此导致数据企业和传统企业间竞争条件的差异,一定程度上妨碍了市场的公平竞争。地方数据产业政策虽然能够推动数字经济发展,却也可能导致数据企业市场"特权"的形成,堕入破坏公平竞争的"魔道",必须加以警惕。

最后,地方政府数据封锁加剧数据垄断风险。政府数据种类多、范围广、质量高,如能开放流动,则能够对经济发展和社会进步产生显著推动作用,且其借助于人民授予的行政权力而获取,故本应取之于民、用之于民。然而基于地方和部门利益、社会维稳、经济成本等方面因素的考量,我国各地政府数据开放总体上仍处于较低水平,虽已有不少政策文件的倡导,但仍存在诸多限制。地方政府对自身所控制数据的封锁,渐变为"数据孤岛",阻碍数据要素进入市场,成为行政性垄断的新表征。

综上,当前我国数据要素市场的建成和发展依赖于行政力量主导。行政权力的过度介入必然会损害正常的市场竞争机制,导致行政性垄断的出现。如何加以防范,成为待解的难题。

第三节　新基建下数据竞争治理的法治化路径

当前我国数据要素市场规模日益扩大,市场竞争制度供给与需求不相适应的状况日益突出,亟待相关法制的完善。构建数据要素市场公平自由的竞争秩序,必须有效解决企业(经营者)行为、市场结构和国家(政府)干预三方面的问题。具体而言,在企业(经营者)层面,应当针对企业的新型不正当竞争和垄断行为完善竞争规范;在市场结构层面,应当建立国内统一的数据要素市场,打破区域壁垒;在国家(政府)层面,应当加强公平竞争审查和政府数据开放,强化竞争政策基础地位。通过三个层面多措并举,破解数据要素市场竞争法治障碍,促进数据要素市场的有效竞争,并进而实现效率与安全两大核心理念,推动数字经济发展。

一、完善数据要素竞争规范

数据要素市场的竞争以数据要素为核心,借助算法、算力,推动数据要素的全生命周期运转,实现不同场景下数据要素的应用,进而形成一个庞大的产业链条,带来数据价值的充分实现。故此应结合数据要素全周期产业链运行特点,确立数据要素市场新的竞争规范体系。

(一)新型不正当竞争行为的规制方向

数据要素市场的不正当竞争行为的规制问题目前主要集中于竞争关系的法律地位和行为正当性的认定。故而应当针对这两个构成要件的规范缺陷,结合数据要素市场的自身特点,补齐制度"短板"。

数据要素市场条件下,企业竞争表现出动态、跨界、多边等特征①,因而应重审竞争关系的法律地位。具体而言,应弱化竞争关系对不正当竞争行为认定的作用,不应再将竞争关系作为认定不正当竞争行为的前提条件,而应坚持竞争法所具有的行为规制法属性,将认定的重点转向竞争行为正当性,着眼于竞争行为对数据要素市场整体竞争秩序的影响,关注竞争行为对数据权益的损益。当然,竞争关系作为不正当竞争行为认定的前提条件地位虽被消解,但并不意味着应完全摒弃其认定,竞争关系仍可作为一种参考标准辅助竞争行为正当性的认定。

在竞争行为正当性的认定上,应从数据的采集、传输、存储、使用、清理及流通、交易、共享等各个环节入手,根据数据在不同环节的状态,确立竞争法规

---

① 参见陈兵:《数字经济新业态的竞争法治调整及走向》,《学术论坛》2020 年第 3 期。

制的重点。在数据的存储、使用、清理环节,数据要素处于相对静止的状态,其主要面临数据泄露的风险,竞争规范在这些环节应侧重于非法获取数据行为的规制,明确禁止企业在没有法定或约定依据的情形下获取其他企业数据;在数据的采集、传输及流通、交易、共享环节,数据处于流动中,企业不仅面临数据泄露风险,还面临数据获取遭受非法阻碍的风险,故针对这些环节不仅应当禁止非法获取数据行为,更重要的是消除非法阻碍企业获取数据的行为,在"非法阻碍"的认定上,应当基于多元利益的兼顾,明确多重因素的考量,包括主观恶意、对正常竞争秩序的妨害程度、对创新的阻碍程度、对消费者利益的损害等。

（二）新型垄断行为的规制方向

数据要素市场的新型垄断行为的规制问题目前主要集中于相关市场界定和反竞争效果认定。针对这两大问题,应当从数据全周期产业链的各环节出发,制定相应规范。

数据要素相关市场的界定,应集中于对替代性数据要素及其商品和服务范围的确定。[1] 目前的替代性分析方法主要包括供给替代分析和需求替代分析两种,以需求替代分析为主。[2] 通过影响需求和供给的可量化因素变化,分析替代性商品和服务的范围,从而确定相关市场的范围。数据要素商品和服务虽具有多元功能,但在产业链的不同环节却存在核心功能的差异。[3] 因此可将这些环节所构成的子市场视作"相关市场",并根据子市场上数据要素商品和服务核心功能可量化指标发生变化后需求方的转向确定相关市场范围:（1）在数据的采集、传输、存储、清理环节,数据商品和服务的核心功能在于数据采集、传输、存储、清理,可量化的替代性因素是企业的采集、传输、存储、清理成本,应观察其成本提高时,需求方是否会转向以及转向的替代性商

---

[1] 相关市场界定的核心要义在于寻找替代性商品和服务。参见王晓晔:《反垄断法中的相关市场界定》,社会科学文献出版社 2014 年版,第 72—73 页。

[2] 《国务院反垄断委员会关于相关市场界定的指南》第四条第二款规定:"界定相关市场主要从需求者角度进行需求替代分析。当供给替代对经营者行为产生的竞争约束类似于需求替代时,也应考虑供给替代。"

[3] 互联网经济背景下各数字商品和服务仍因需求的不同而存在核心功能上的差异。参见陈兵:《互联网市场固化趋态的竞争法响应》,《江汉论坛》2020 年第 3 期。

品和服务;(2)在数据的使用环节,其核心功能在于供给方通过数据输入得到商品和服务的有效输出,这其中决定数据要素作用发挥的是算法算力,故而应以算法算力的变化观察需求方的转向;可借助于算法算力质量的主要指标,譬如单位时间内运算速度、单位时间内信息输出数量和计算精确度等的下降,观察需求方是否会转向以及转向的替代性商品和服务;(3)在数据的流通、交易、共享环节,其核心功能在于数据流转,可量化指标主要是数据的流动成本,包括资金成本、技术成本、劳动力成本等,可通过观察数据要素流动成本提高时,需求方是否会转向以及转向的替代性商品和服务;通过对数据生命周期各环节替代性因素的综合分析,确定各环节的替代性商品和服务,确定相关市场范围。

数据要素市场条件下,传统的市场份额等指标并不能有效反映企业的某项竞争行为对市场的影响,认定企业行为反竞争效果应以对数据要素的获取和使用为核心,根据企业采集、传输、存储、使用、清理及流通、交易、共享等各个环节的能力强弱①,判定其行为的反竞争效果,能力越强,则其行为对市场竞争产生的影响就越显著:(1)数据的采集是企业数据的源头,故而应当加以重点关注,应主要考察企业的原始数据来源和获取量,企业的原始数据来源越广泛,获取量越大,说明其采集能力越强;(2)数据的传输关系数据的有效流动,可通过数据的传输速度和损耗率等指标判定传输能力强弱;(3)数据的存储体现企业的静态数据状况,其重点在于企业数据库的建设,故而应着重考察数据库容量、安保技术等方面,判定存储能力的强弱;(4)数据的使用决定数据价值的发挥,也应加以重点关注,其核心在于算法算力,算法算力越强,则产出的数据商品和服务质量就越高,企业的创新能力就越强,因而应通过算法算力的评估,判断其使用能力的强弱;(5)数据的流通、交易、共享使数据要素在不同企业间流动,在此环节应当考虑的因素是企业阻碍数据要素流动的能力,关注的焦点应为企业是否能够通过交易条件、技术条件、市场壁垒等因素阻碍数据要素的流动,若企业能够实质性阻碍数据的有效流动,则表明其市场力量

---

① 具体的技术标准可参见以下国家标准:《信息安全技术 大数据服务安全能力要求》(标准号:GB/T 35274—2017)、《信息技术 大数据存储与处理系统功能要求》(标准号:GB/T 37722—2019)、《信息技术 大数据分析系统功能要求》(GB/T 37721—2019)。

强大。通过对企业在以上各环节能力强弱的综合认定,判断企业行为对市场竞争的影响。

二、建立统一数据要素市场

国内统一市场的构建,能够打破区域市场壁垒,有助于生产要素的区际自由流动和产业转移,促进价格机制、竞争机制等市场内在机制作用的充分发挥,从而保障市场对资源配置发挥决定作用,是社会主义市场经济体制建设的重要步骤。① 数据要素价值唯有在流动中才能得到充分实现,通过推进全国性数据要素市场建设,能够有效推动数据的跨区域流动,充分实现其价值。为此,应从以下几方面着手,构建国内统一的数据要素市场。

一是将数据要素市场建设和管理的权力收归中央政府。应在现有建设基础上,整合各类数据交易中心和平台,设立全国性的数据交易所,由国家统一管理和建设,制定统一的数据交易平台规则,包括市场主体准入规则、交易规则、监管规则等,并针对数据的采集、传输、存储、使用、清理等全生命周期环节规定统一的标准和要求。通过统一建设和管理,形成全国一体化的数据交易市场体系,打破区块分割的旧有格局。

二是优化数据要素交易平台建设布局。数据交易平台由数据登记、评估、定价以及交易撮合、交易结算等多个子系统组成,不同子系统的资源消耗量不同,据此,在构建全国性数据要素交易平台的过程中,可实行分散化布局,将交易撮合、交易结算等资源密集型子系统布局到自然资源富集的西部地区,将数据登记、评估、定价、交易跟踪、安全审计等知识密集型、劳动密集型子系统布局到自然资源匮乏但产业基础更好的东部地区,并借助于信息网络将不同的子系统连接在一起。由此,实现市场规模扩大和资源有效利用的平衡兼顾,推动数据要素市场配套基础设施建设的完善。

三、加强行政垄断防治力度

目前,我国数据要素市场处于发展初期,需要借力于政府扶持。但行政权

---

① 参见高同彪、刘力臻:《关于构建国内统一市场问题的若干思考》,《东北师大学报(哲学社会科学版)》2010 年第 5 期。

力的干预是一把"双刃剑"——既能够起到提升数据产业规模和质量,加速数字经济发展的正面作用,也可能产生滞碍市场竞争机制的正常运行,甚或破坏竞争秩序的负面影响。所以政府的行政干预应当趋增强市场竞争活力之"利",避破坏公平竞争之"害",故而应加强对政府行政行为的规范,这就需要贯彻落实公平竞争审查制度以确保竞争政策的有效实施。公平竞争审查制度的基本内涵,是政策制定部门或者竞争执法机构通过对制定或实施中的有关市场主体经济活动政策措施竞争影响的评估,确定政策是否可能排除、限制竞争,并对产生消极竞争影响的政策予以改进或废止,避免行政权力的不当干预损害竞争机制。

针对数据要素市场存在的行政性垄断风险,公平竞争审查制度的施行应当明确重点、有的放矢。首先,在审查对象上,应当重点针对地方数据治理机构的行政行为和地方政府对数据企业的优惠政策进行审查。在当前数据治理地方为主的格局下,地方数据治理机构是各地数字经济和产业的主要管理机构和"第一责任人",在不同程度上拥有干预数据要素市场的行政权力,其政策措施对数据要素市场的发展具有直接影响,所以数据要素市场的公平竞争审查应当重点关注各地数据治理机构出台实施的政策法规。在诸多政策措施中,由于对数据企业给予财税、土地、能源、金融、政府采购、行政审批等方面优惠的产业政策能够直接导致企业竞争条件的差异,存在较高破坏公平竞争的可能性,故对此方面内容的政策措施也应当重点审查,其目的并非以竞争政策取代产业政策,而是借助竞争政策完善产业政策,使之更加符合市场运行规律,在更好地发挥政府宏观调控积极作用的同时推动市场机制作用的实现。

其次,在审查方式上,应当构建内部与外部审查相结合的体制。目前,我国公平竞争审查制度在方式上以行政机关自审为主。然而由于地方保护主义和部门保护主义的作祟,此种审查往往流于形式,甚或异化为"行政机关内部决策合法性审查机制"①,导致其实施效果并不理想。故此,应当在现有行政机关内部审查基础上,引入外部审查,加强立法和司法审查监督机制建设,打造多元立体的审查体制,弥补行政机关自我审查方式的不足,确保公平竞争审

———
① 参见金善明:《公平竞争审查机制的制度检讨及路径优化》,《法学》2019 年第 12 期。

查落到实处。

最后,应当加强对政府数据开放的公平竞争审查。政府对自身数据开放施加不合理限制,本质上是运用行政权力垄断生产要素,也属于违背竞争政策的行政行为,因此也必须加以防范。应重点考察政府数据开放的主体、程序、费用等方面因素,同时考量国家利益和社会公共利益,确认政府在开放自身数据过程中是否有损公平竞争,从而确保政府依法有效开放自身数据,保障政府数据"取之于民,用之于民"。

第四章　新基建与数据绿色治理法治化

历次工业革命并非相互孤立,于核心技术层面表现为对前次科技成果的全面利用和优化升级,于社会制度层面体现为配套跟进及理念更新。数据作为第四次工业革命的核心生产要素,其互联网、大数据、云计算、人工智能、区块链等技术形态均架构于电气化时代基础设施之上,传统能源消耗所带来的一系列负面影响,在当前科技创新与社会转型中仍需高度关注。故在"新基建"进程中,原有绿色环保指标体系需在传统设施建设过程中被严格执行,同时,由此引发的绿色治理理念更新及冗余制度清理亦应当因时而动,保障数据相关生产、加工、流转、消除等行为在硬设施与软环境的高效联动中实现绿色可持续发展。

第一节　数据绿色治理概述

一、数据绿色治理的内涵

建设生态文明是中华民族永续发展的千年大计,新基建等现代化建设是人与自然和谐共存的现代化,是不断提供优质生态产品满足人们日益增长的对优美环境的需要的现代化。为了协调人类和自然生态系统的关系,人类社会必须进行深刻的变革,变革起因在于生态,但变革本身在于社会和经济,而完成变革的过程则在于成熟的政治法律制度。从某种角度而言,以数据为核心的第四次工业革命及相应社会变革,亦是当前人类世界环境保护形势极端严峻的外在呈现。进入 21 世纪以来,经济发达国家所排放的温室气体、剧毒污水、危险废弃物导致自然灾害频发、生态环境越发脆弱;而由石油、天然气、稀土、有色金属引发的资源争夺则进一步加剧了地区紧张局势、威胁世界和平安全,故而传统生产生活模式的转型升级已迫在眉睫、刻不容缓。自 2020 年年初起,新冠肺炎疫情席卷全球。"新基建"作为党和国家疫情过后大力推动的社会化工程,除寄望其提振经济、保障民生、平衡供需、优化产业外,更是立足于新时期严峻的生态环境形势及日常化防疫需要,"无接触"特性的数据数字化生产生活全面铺开,在严防严控疫情复燃的同时推动国民经济绿色、健康、可持续地平稳发展。

（一）公共政策语境下的绿色治理

综观我国的中央政策层面,"绿色治理"经历了不同时间节点的内涵变迁。通过对 1949—2020 年 52 份《政府工作报告》政策文本进行分析发现,新中国 70 年政府绿色治理在价值层面上经历了"经济发展优先—兼顾经济与环保—生态保护优先"的价值转换,在时间层面上经历了"1949—1978 年（新中国）""1978—2012 年（新时期）""2012—2020 年（新时代）"的阶段转换,在内容层面上经历了"理念孕育—环境管理—环境治理—生态文明建设"的逻辑演变,这表明政府绿色治理具有与时俱进的鲜明时代特征。[①] 新时代政府绿色治理政策的变迁与发展形成了如下基本经验:以"人民需求"为中心,着力解决环境问题的痛点与堵点;以"共建共治共享"为原则,构建生态文明建设共同体;以"代际公平"为导向,有效协调"当前"与"长远"关系;以"美丽中国"与"美丽世界"为目标,助力人类命运共同体建设。

由此可知,政府所主导的绿色治理,其旨在塑造以"绿色发展"为核心理念,通过政府、企业、民众以及 NGO 等多元主体合作共治的形式治理生态环境,最终实现经济、社会、生态的全面协调与可持续发展。目前,政府绿色治理主要通过公共政策得以体现,具体涉及政府为实现经济、社会、生态的全面、协调、可持续发展目标,针对生态环境问题,以及与生态环境相关的经济、社会问题所制定的一系列方略、法令、措施、办法、方法、条例等。新中国成立以来尤其是改革开放以来,我国政府适应时代发展要求,提出了绿色发展理念,建立

---

① 　冉连:《1949—2020 我国政府绿色治理政策文本分析:变迁逻辑与基本经验》,《深圳大学学报（人文社会科学版）》2020 年第 4 期。

了绿色治理体制,制定了一系列绿色治理政策,为我国生态文明建设提供了重要的制度保障。故对政府绿色治理政策文本进行系统分析是政府绿色治理相关政策态度的研究起点。公共政策作为"对社会价值的权威性分配",绿色治理公共政策文本是政府绿色治理公共政策在形式上的重要载体,其反映了政府绿色治理的核心价值观,这些核心价值观对政府绿色治理行为或活动产生直接的影响。因此,系统梳理和分析政府绿色治理政策文本话语变迁逻辑、反思政府绿色治理行为具有十分重要的研究价值。

党的十八大以来,政府绿色治理进入了一个全新的时代,随着党和国家领导人对生态环境重要性认识的进一步深化,尤其是"两山论""人类命运共同体"①,这是在文明延续与民族发展层面上对生态环境保护的终极认识,开启了将生态文明建设提升至国家发展战略的新时代,生态文明建设同政治建设、经济建设、社会建设、文化建设并列纳入"五位一体"的中国特色社会主义建设方略之中。② 新时代的生态文明建设强调人与自然是生命共同体,在尊重自然、保护自然、顺应自然中实现人与自然和谐共生。自此,政府绿色治理进入了一个生态文明建设与高质量发展的新时代。

1. 兼顾"代内公平"与"代际公平"的绿色治理价值观

生态文明时代的绿色治理观强调政府绿色治理活动既要遵循一部分人(地区)的发展不能以损害另一部分人(地区)的利益为代价的"代内公平",也要遵循当代人的发展不得影响后代人生存、生产和生活质量的"代际公平"。这一时期政府绿色治理政策凸显了代内公平与代际公平兼顾的特征。如 2013 年《政府工作报告》指出,"生态环境关系人民福祉,关乎子孙后代和民族未来"。在 2012—2020 年的 9 份《政府工作报告》中相关内容明确指出了生态环境保护既是关乎当前发展的问题,更是关乎民族未来命运的战略性问题,这充分体现了生态文明建设背景下的绿色治理需要有效处理好当前发展与长远发展的关系。

---

① 盛辉:《习近平生态思想及其时代意蕴》,《求实》2017 年第 9 期。

② 冉连:《绿色治理:变迁逻辑、政策反思与展望——基于 1978—2016 年政策文本分析》,《北京理工大学学报(社会科学版)》2017 年第 6 期。

2. 倡导以绿色为底色推动生产生活方式的转变

以绿色为底色的生产方式强调经济发展活动必须尊重自然、顺应自然、保护自然,坚持走人与自然和谐共生的产业路径,坚持不损害环境承载力的循环经济发展模式,注重生态效益、社会效益、经济效益的综合提升与协调发展。以绿色为底色的生活方式倡导反对物质主义、经济主义、享乐主义的生活模式,鼓励人们形成一种既能满足自身又不污染环境的简朴、低碳生活方式。这一时期《政府工作报告》明确提出要积极倡导绿色的生产生活方式来推动生态文明建设。如 2016 年《政府工作报告》指出,"推动形成绿色生产生活方式,加快改善生态环境"。通过对 2012—2020 年的 9 份《政府工作报告》的内容分析来看,主要是鼓励和倡导形成企业绿色生产、公众绿色生活的良性互动模式。这表明推动形成绿色发展方式、倡导绿色低碳生活是生态文明建设的重要手段、途径和方式。

3. 推动以生态优先、绿色发展为导向的高质量发展模式

生态优先、绿色发展的高质量发展模式强调重点培育和发展新产业、新业态、新模式,补齐经济发展的绿色"短板",以生态保护作为高质量发展的核心目标,正确处理好生态环境保护与高质量发展的关系。如 2019 年《政府工作报告》指出,"要改革完善相关制度,协同推动高质量发展与生态环境保护"。2020 年《政府工作报告》指出,"编制黄河流域生态保护和高质量发展规划纲要"。这表明生态文明建设背景下的政府绿色治理政策需要将高质量发展与生态保护充分协同起来,以实现经济发展质量与生态质量的双提升。①

(二)工业经济结构中的绿色治理

工业是现阶段中国经济增长的重要力量,但是工业化也对环境和生态系统造成了巨大的破坏。根据有关学者的测算,改革开放以来,占全国 40.1%的工业 GDP 消耗了全国 67.9%的能源,排放出全国 83.1%的二氧化碳。面对日益增强的资源和环境约束,工业绿色转型是实现节能减排和经济发展方式转变的必然要求。从本质上讲,工业的绿色转型是促进能源集约利用、减少污染

---

① 冉连:《1949—2020 我国政府绿色治理政策文本分析:变迁逻辑与基本经验》,《深圳大学学报(人文社会科学版)》2020 年第 4 期。

排放和提高可持续发展能力的过程。其中,减少污染排放是中国工业绿色转型的关键和基本目的。

根据发达国家的经验,减少工业污染排放的方法主要有以下几种:一是通过行业内的绿色转型,降低污染排放强度来减少总量的污染排放;二是通过劳动分工的方式向发展中国家大规模转移污染密集型行业来减少本国污染排放;三是通过工业结构的清洁化调整,降低高污染行业的比重来减少整体的污染排放。①

对发展中国家而言,通过高污染行业的海外转移来减少污染排放并不现实。因此,对于中国来说,污染排放的减少主要体现在行业内的污染排放强度降低和工业结构逐渐向低污染行业倾斜两个层面,即实现行业内和工业结构的绿色转型,这是中国工业绿色转型的主要内容。当工业结构保持不变时,降低行业污染排放强度能够减少整体的污染排放量,但是如果工业结构中重污染行业的比重同时上升,就有可能抵消行业污染排放强度降低的减排效果,甚至带来整体污染排放的增加。

目前,中国的工业结构和行业内均呈现了比较明显的绿色转型特征,低污染行业的产值比重逐渐提升,高污染行业污染排放强度迅速下降。通过污染排放的完全分解发现,行业内的绿色转型是工业污染排放减少的主要推动力量,工业结构转型目前对于减少污染排放的贡献仍然较小。总体来看,清洁生产投资和"三同时"政策更有助于行业内的绿色转型。三种污染治理方式促进工业结构绿色转型的作用主要体现在重度污染行业上,重污染行业的治理,尤其是针对工业废气排放的污染治理投入需要进一步加强。基于此,未来中国的绿色工业化转型应加快工业结构的绿色化调整。在过去的一段时间里,中国工业的绿色转型主要由行业内污染排放强度的降低来推动,但是随着时间的累积,这一动力将逐渐减弱。一方面污染减排技术的进步和突破将更加困难;另一方面随着末端治理设施的逐渐完善,对于生产工艺、生产过程的绿色调整成本更高,阻碍也更大。因此,工业结构的清洁化调整势在必行。此

---

① 王勇、刘厚莲:《中国工业绿色转型的减排效应及污染治理投入的影响》,《经济评论》2015 年第 4 期。

外,进一步推动工业污染治理模式由"事后治理"向"事中治理"和"事前治理"转变。应当逐渐引导企业进行"三同时"环保工程和清洁生产建设,加速淘汰落后技术和污染严重的过剩产能,避免新污染源的产生,在生产的过程中逐步削减污染物排放。

当前,我国正处于工业化中后期和城镇化加快发展的重要时期,能源消费总量尚未达峰,主要污染物排放居高不下,污染源趋于多样化,加之生态环境欠账较多,环境质量局部改善、总体形势严峻的局面仍未从根本上扭转,生态环境已成为影响经济高质量发展、居民健康、公共安全和社会稳定,甚至我国国际形象的重要因素之一。深入总结国内外经验教训,党的十八大报告将生态文明建设提升至前所未有的高度,列入"五位一体"总体布局。党的十八届五中全会将"绿色发展"列为五大发展理念之一,生态文明建设首次被写入五年计划。党的十九大进一步将建设生态文明上升为"千年大计"。这一系列重大战略举措引领我国生态环境保护走向新时代。在打响污染治理攻坚战、保持环保执法高压的同时,我国以"绿色发展"的全新理念为统领,技术和制度创新协同推进,不断朝着建设人与自然和谐发展的美丽中国迈出坚实步伐。

需要强调的是,因污染治理具有较为突出的外部性特征,环境保护一向是世界各国立法实践、制度建设和政策投放较为集中的领域。我国环境保护工作虽然起步较晚,但依法治理几乎贯穿环保事业发展的各个阶段。1978年,我国宪法明确了"国家保护环境和自然资源"的发展理念,1979年新中国第一部综合性环境保护法——《中华人民共和国环境保护法(试行)》颁布,正式开启环境保护的法治时代。20世纪90年代,全国人大环境与资源环境保护委员会成立,有力推进了环境保护的立法进程。40多年来,在不断修订环境保护综合法律的同时,以《中华人民共和国清洁生产促进法》《中华人民共和国循环经济促进法》等为代表的专门法相继推出,立法指向资源综合利用、污染防治、生态修复、防灾减灾等各个层面和环节。党的十八大以来,环境保护法制建设进一步升级。2015年,国家颁布了新的环境保护法,前后密集出台了《大气污染防治行动计划》(以下简称"大气十条")、《水污染防治行动计划》(以下简称"水十条")、《土壤污染防治行动计划》(以下简称"土十条")及环保税法等多项重大环保政策法规,更加适应市场经济体制的生态环境法律体系日臻完善,带动政府、企业和居民环境保护法制观念不断增强。在监管机制层面,1979 年我国开始实行排污费制度。随着市场化改革进一步深化,2018 年我国完成环境费改税。同时,进一步建立健全自然资源产权制度、资源有偿使用和生态补偿等制度,积极运用绿色财政、税收、价格和信贷等新型政策工具,创新绿色发展激励机制。[①]

在管理体制和执法层面,1974 年成立国务院环境保护领导小组,1982 年在原建设部下设立环境保护局,1984 年更名为国家环保局,1988 年国家环保局从建设部中独立出来。此后经过数轮机构调整,于 2018 年成立生态环境部,统一行使保护生态环境、保障国家生态安全、应对气候变化等重大职责。为优化环保管理体制,增强执法能力,党的十八届五中全会后,省级以下环境监测监察实行垂直管理。中央自 2016 年开展环保督查,对生态环境领域的违法违规问题进行集中整治,环境保护"党政同责"和"一岗双责"的要求得以固化,越来越多的企业认识到生态红线不可触碰,环境约束不可逆转,加快自主绿色转型、主动践行环境责任的意愿明显增强。

经济发展与环境保护的关系从割裂对立到融合互动,是经济社会发展质量提高的重要标志,也是国家现代化治理能力的集中体现。尽管我国环境治理和生态文明建设取得了积极进展,但在连续三个五年计划不断趋严的减排指标约束下,传统领域减排潜力明显收缩,而长期沉积的生态短板尚未补齐。其中,城市空气治理成为各方高度关注和矛盾最为突出的问题之一。必须清醒地认识到,我国的绿色发展之路并非坦途,除了受资源禀赋和发展阶段制约之外,在地区差距、产业结构、技术创新、减排路径、激励机制及国民教育等方面面临一系列困难和障碍。值得高度关注的是,经济增速放缓在一定程度上影响了绿色发展的资金投入。目前我国环境治理投资占 GDP 的比重仍然偏低,较发达国家环境治理投资占 GDP 比重 3% 左右的水平差距较大。在经济下行压力下,地方政府淘汰落后、化解产能过剩进退两难,企业绿色技术应用和绿色产品研发力不从心。同时,我国区域经济发展不平衡不协调的矛盾长期存在,致使不同地区经济增长目标与绿色发展之间的协调程度存在偏差,各

---

① 杨丹辉:《从污染治理到绿色发展的环境保护之路》,《中国国情国力》2019 年第 10 期。

省、自治区、直辖市污染治理投入规模和治理效果呈现较为鲜明的差异化特征。故在传统工业经济结构转型的历史性风口,借助新基建等关键信息化升级设施,实现绿色治理从内涵到实效的进一步跃升,将是新时期我国贯彻创新、协调、绿色、开放、共享的新发展理念,保障经济高质量、可持续健康发展,解决人与自然和谐问题的关键所在,未来应从以下几个方面不断优化绿色治理的高水平顶层设计和战略框架并配套行之有效的政策法规措施:

牢牢把握新一轮科技革命和工业革命的战略机遇,推动智能化与绿色化融合发展,以人工智能、大数据与云计算等新技术新产业为实体经济高质量、可持续发展注入新动能。

紧紧抓住产业结构调整特别是工业内部结构调整这个"牛鼻子",打造绿色产业体系,进一步推进重点行业淘汰落后产能,打通传统产业与绿色技术之间的通道,采用绿色技术、绿色工艺加快传统产业升级改造,大力发展绿色金融、环境服务等生产性服务业,完善绿色发展的服务体系。①

加大绿色投资力度,扩大优质生态资源供给,运用大数据等新技术新手段,强化环境法制建设,创新激励机制和执法手段,加快环境与经济脱钩,从而使我国以相对较低的人均 GDP 水平越过倒"U"形环境库兹涅茨曲线的拐点。

坚持发挥市场在资源配置中的决定性作用,鼓励企业开展绿色技术、工艺和产品研发,引导企业践行环境责任,普及规范绿色营销。

树立全社会绿色消费理念,开展多层次、多形式的宣传教育,增强城乡居民环保意识,倡导绿色生活方式。启动政府绿色采购,制定绿色产品的政府采购清单,设立政府绿色采购标准,带动绿色消费。积极推广绿色物流、绿色仓储、绿色包装和绿色回收,减少消费过程的能耗和排放,拓展绿色消费内涵。

深化国际合作,以绿色技术、环境标准及新一代绿色基础设施建设为重点领域,搭建互利合作网络、新型合作模式和多元合作平台。推动绿色"一带一路"建设,促进我国生态文明和绿色发展成果经验的国际共享,为发展中国家提供生态环境保护的中国样板。②

---

① 谢海燕:《绿色发展下循环经济的现状及方向》,《宏观经济管理》2020 年第 1 期。

② 史丹:《中国工业绿色发展的理论与实践——兼论十九大深化绿色发展的政策选择》,《当代财经》2018 年第 1 期。

二、新基建引发的数据绿色治理

早在 2008 年 3 月,互联网数据中心(IDC)发表了它对数字宇宙调研的最新数据,发现数字宇宙(全球创建和复制的所有数字信息)比原先估计的增长还要快,主要是因为数码相机、数字电视、监控摄像和社交网络的信息量超过预期。2007 年,数字宇宙的总量是 2810 亿吉字节,比原先预计的超出 10%。数字宇宙的年复合增长率接近 60%,到 2011 年接近 18000 亿吉字节,五年增长 10 倍。数字身影(个人用户被动产生的日常数字信息)超过了主动创造的部分。数字宇宙更大了,增长也更快了,包括数据中心在内的互联网技术资源需要更多的存储方案到位,以保存这些信息。记录人们数字身影的企业互联网技术组织,在信息的安全性、隐私保护、可靠性和遵规方面承担着巨大的责任,为了存储这些信息,产生了大量的能源需求。十年前,每个服务器机架消耗的电量约有 10 千瓦时。当时,企业建设新的数据中心时,需要为每个服务器机架预备 20 千瓦时的电能输出。根据摩尔定律,时至今日互联网技术资源的能耗体量已呈指数级大幅增长,在 4G 网络的广泛普及加持下,建构于传统基础设施上的数字宇宙令现有社会生态与政治生态力不从心。故"新基建"的提出,不单是迫于我国当前经济产业转型及生态恶化的巨大压力,同样是回应数据大爆炸后能源危机和治理风险的必由之路。

数据的深度利用是新基建项目的主要目标之一,当下对实体性设施进行虚拟化并将广泛采集的数据进行结构化,是数据治理的必然要求。同时,这一过程中无论是虚拟化还是结构化都在一定程度上摆脱了对自然物理实践的过度依赖,提升了数据流通的效率和质量,是更深层次的循环可持续表征,暗合了绿色发展观的要求。然而由于虚拟化设备和标准的不统一,加之结构化数据相对占比较低,对于"清洁"的绿色数据应用造成了冲击和挑战,亟待因应分析和积极化解。

(一)新基建的数据虚拟化压力

利用软硬件管理程序将物理资源映射为虚拟资源的技术被称为虚拟化技术。对关键互联网技术资源进行虚拟化,是打造新基建云端项目的基础和前提。目前,关键互联网技术资源主要有服务器、存储及网络。其中,服务器虚拟化主要包括 Unix 服务器虚拟化与 x86 服务器虚拟化。Unix 服务器又被称为小型机,而小型机厂商普遍为自身的小型机产品开发了差异化的虚拟化程序,导致这些虚拟化程序无法对其他厂商的小型机产品进行虚拟化。目前,市场中常见的 x86 服务器虚拟化产品有 Mware ESX/ESXi、微软的 Hyper-V、开源虚拟机等。甲骨文公司和华为等服务器厂商还开发了基于 Xenia 内核的虚拟化平台。以往需要同时调用不同厂商以及不同类型的服务器资源,而对服务器进行虚拟化后,还可以有效解决不同服务器间的硬件差异问题,使用户获得标准逻辑形式的计算资源。

从技术角度而言,存储虚拟化的逻辑为:在物理存储系统上增加一个虚拟层,从而将物理存储虚拟化为逻辑存储单元。通过存储虚拟化,服务商可以将不同品牌、不同级别的存储设备资源整合到一个大型的逻辑存储空间内,然后对这个存储空间进行划分,以便满足不同用户的个性化需要。网络虚拟化涉及网络设备及网络安全设备、网络本身的虚拟化。其中,需要虚拟化的网络设备及网络安全设备有网卡、路由器、交换机、HBA 卡、防火墙、IDS/IPS、负载均衡设备等。网络本身的虚拟化主要涉及 FC 存储网络与 IP 网络的虚拟化。

目前,个体与组织对网络需求越发个性化,为了更加低成本地满足其需求,云数据中心厂商对网络进行虚拟化成为必然选择。与此同时,网络虚拟化后,可以在网络环境与多层应用环境中将非同组用户实现逻辑隔离,这既能提高数据安全性,又能降低网络管理复杂性。将关键互联网技术资源进行虚拟化后,服务商便可以对这些资源进行统一调配与集中共享,大幅度增加资源利用率。测试数据显示,未虚拟化前,传统互联网技术资源利用率仅有 10%—20%,而虚拟化后的资源利用率达到了 50%—60%。[1] 虚拟化让性能过剩的硬件能够根据现实应用场景进行精准的分时复用,从而显著提高性能的利用率,实现对于现有资源利用瓶颈的突破。可以说,这是一种通过技术手段对资源进行高效利用,以达到节能环保、可持续发展的可行路径。

当然,未来能沿着"现实设施—虚拟设施"路线走多远,将取决于用户业务需求和大数据环境的复杂性。此外,还取决于用户对风险、复杂性和困难的

---

① 袁国宝:《新基建:数字经济重构经济增长新格局》,中国经济出版社 2020 年版,第 140—141 页。

承受程度。随着分析模型、规则和大数据云上汇聚的信息日益复杂,各种类型的平台将成为虚拟化访问、执行和管理的核心。当前,数据平台及由此衍生出的平台型企业已然成为数据治理的关键环节,对相关行业推行数据上云的虚拟化活动具有极大的影响力。然而,平台在发展过程中由于市场竞争的加剧,更倾向于粗放式的数据采集和流量获取行为,对于基础设施虚拟化及数据质量的关注度远远不够,这无疑将严重制约数据设施利用水平,从长远看,亦将为过度的数据获取付出极高的优化成本。

(二)多场景的数据结构化差异

进入 2020 年以来,国家不断加大对新基建的扶持力度,基于基础设施虚拟化后的海量数据资源,人工智能技术将得以充分演化并成为新的时代方向。特别是国家出台支持新基建发展政策后,整个数据相关行业都迎来了新的发展机遇。但是当前仍面临从数据治理到应用场景等不同方面的挑战。

人工智能在应用过程中能否训练出一个好模型,很大程度上依赖于大量可训练模型的数据,但在目前的环境下,数据治理方面依旧存在安全性问题、伦理问题、治理问题、合规问题,以及是否能够标准化使用的数据结构问题。

在数据应用方面,虽然真实世界已有的数据规模非常大,但大部分都存在质量差、缺乏标准、共享困难等问题。这些问题会导致人工智能面临数据不好用、不能用、不敢用的困扰。如何合规高效解决多源异构数据的连接问题,把一般公众可读懂的自然语言文本,变成机器可理解的计算语言,是亟须解决的重大挑战。为此,就要努力将不可计算数据变得可计算。"可计算"的概念,就是去提升已授权数据的质量,通过数据治理手段,将它们结构化和标准化,构建更多样、更准确的算法模型,更好地应用于实际场景中,从而提供不同的产品方案,来赋能新基建其他应用领域,乃至带动整个产业生态优化升级。这些都是新基建设施虚拟化后要进一步完成的基础构建。

因此,在取得授权的前提下,构建一个将多源异构数据结构化、标准化,并且可以处理繁杂自然语言的平台,将极大促进人工智能应用的落地,降低具体领域数据治理及深度学习的应用门槛,提升生产力和创造力。无论是何种领域的人工智能解决方案,合规数据永远是核心基础,拥有了这个基础,才能更加了解真实情况。譬如,对于新冠肺炎疫情防控便是如此,只有在真实情况基础上实施的政策,才可以有效预知预测,模拟仿真接下来可能会发生的情况,才能够更快地对疫情追踪溯源,为患者提供更好的治疗方案,形成一个完整的闭环,最终实现对疫情的动态平衡管理。

由此可知,数据的质量直接影响着数据的价值,并且还影响着结果以及最终依此作出的决策的质量。质量不高的数据不仅仅是数据本身的问题,还会影响国家、社会、个人的决策预测。故数据结构化所提供的不仅是运算处理的便捷性,更重要的在于保证数据质量,避免错误数据的产生,从而令大数据的结构性分析结果能够做到比基于经验和常识作出的决策更加全面和精准。当然,这就要求数据在使用过程中应当尽量向结构化靠拢,但在现实场景中,非结构化数据依然占据着更大的比重,例如文本文件,包括文字处理、电子表格、演示文稿、电子邮件、日志等;电子邮件,尤其消息字段是非结构化的,传统的分析工具无法解析它;社交媒体,如来自新浪微博、微信、腾讯 QQ、脸书、推特、领英等平台的数据;网站,优兔、照片墙、照片共享网站;移动数据,类似短信、位置等;通信类的聊天、即时消息、电话录音、协作软件等。非结构化数据不是那么容易组织或格式化的。收集、处理和分析非结构化数据也是一项重大挑战。由此对于数据治理过程产生的主要问题在于,因为非结构化数据构成了网络上绝大多数可用数据,并且它每年都在增长。随着更多信息在网络上可用,并且大部分信息都是非结构化的,如何以结构化的方式对其进行清洗已成为许多企业的重要战略。仅从目前而言,传统的数据分析工具和方法尚不足以完成该项工作。

(三)系统性的数据制度化风险

无论是对现实世界的虚拟化重建,还是进一步的数据结构化整合,均使得数据质量得以大幅提升,从而激发数据价值的最大厚度。然而由此带来的海量数据治理问题不容忽视,聚焦于绿色发展视域下,当前数据于外部的采集和流通等环节相对成熟,然而数据自身的运维及开发中仍存在着大量的资源管理不严、数据安全风险等隐患。

1. 虚拟化资源池管理问题

资源池化是指互联网技术资源完成虚拟化后,以特定的功能标签将其分配到不同的资源组,最终完成资源池化。资源池化可以解决不同结构互联网技术设备的规格与标准的差异问题,对资源进行逻辑分类、分组,最终将资源用标准化的逻辑形式提供给用户。资源池化过程中,数据中心可按照硬件特性,对不同服务等级的资源池组进行划分。一般情况下,资源池主要包括服务器资源池、存储资源池及网络资源池。存储资源池化过程中,云端数据中心需要重点分析存储容量,FCSAN 网络需要的 HBA 卡的端口数量、IP 网络所需的网卡端口数量等是否与自身的业务规模相匹配;网络资源池化过程中,则需要重点分析进出口链路带宽,HBA 卡与端口数量,IP 网卡与端口数量,安全设备端口数量与带宽等是否与自身的业务规模相匹配。理论上,技术层面可以有效解决设备虚拟化后带来的数据体量增长,但虚拟化资源池在进行中仍然需要多方的统一协作,特别是达成数据安全共识。对能够采集身份信息、生物信息等敏感内容的设备应着重由国家进行统一管理和虚拟化,即便引入社会资本亦应当在符合相关数据安全管理规范的情况下进行。

2. 结构化数据系统管理问题

结构化数据管理是指使互联网技术资源都具备按照预设程序进行处理的过程。如果说互联网技术资源的虚拟化与池化能够让数据中心的计算能力、存储空间、网络宽带与链路等成为动态化的基础设施,那么,互联网技术资源的系统管理便是让数据中心获得了一套能够对基础设施进行自动化管理的有效工具。

通常,可以利用基于面向服务的架构(SOA)的流程管理工具对数据中心的业务、互联网技术任务进行统一编排。然后利用可编程的工作流程工具从资产中解构工作流程及流程的执行逻辑。在互联网技术编排工具的帮助下,系统可以对现有工作流程进行修改,添加新的工作流程,甚至利用可重复使用的适配器对资产进行修改等,不需要重新展开工作,有效降低开发人力、物力成本。当然,对于数据进行系统性的自动化处理不能完全排除人为干预,特别是在数据的采集端口。自动化的数据处理过程相对较为严谨和安全,但在采集端由于数据实体设备的运营商、维护商并不统一,故数据采集后的可用性难以保证。因此,对于数据结构的优化需要进行采集、整理、分析、利用、共享的全周期系统管理。其中法律法规、行业标准等制度约束是贯通数据流通全环节的关键所在,然而目前的现实情况还无法达到广泛意义上的协调统一,对于数据的高效利用造成了制度性障碍。

因此,上述两项问题的进一步交叉,则对各类型基础设施的管理工具——云管理平台产生了一定程度上的消极影响。原本云管理平台可以充分体现动态基础架构的优势,实现动态化的基础设施资源监控、安全管理、资产管理、流程自动化管理,以及基于 ITIL(Information Technology Infrastructure Library,信息技术基础架构库)的数据运维管理等,且主流的云管理平台内已经集成了综合医疗服务系统、视觉识别系统等商业化产品,可满足用户的差异化需要。目前,代表性开源云管理平台包括九州云等。不过,现有的云管理平台受制于系统性制度约束的缺失,在服务方面仍有很大的拓展空间,如果用户想要获得不同服务,可能需要同时使用多种云管理平台,从而增加用户成本。为解决该问题,云数据中心可以基于九州云等开源云管理平台,集成多种开源产品,来低成本、高效率地打造综合性的云数据中心管理平台。比如,将开源网络流量监测图形分析工具 Cacti 与开源监控绘图工具 RRDtool 相结合,来为用户实时展现云数据中心的健康状况;利用开源 Nagios 对云管理平台的基础架构与容量进行规划;利用开源 UNIX 管理工具来配置引擎;利用开源的网络管理系统 OpenNMS 对网络进行管理等。

在云管理平台上开发动态监控模块后,以对云数据中心的瓶颈与潜在故障进行检测;实现对关键系统资源与自动响应时间的主动监控等。在此基础上,进一步及时发现问题,并尽可能地在问题影响用户体验前将其解决。通过采用动态互联网技术基础架构建立云管理平台,云数据中心可以实现逻辑上的资源动态共享,这使得云数据中心服务商可以结合应用系统的负载情况动态调整互联网技术资源,从而有效提高资产利用率,并进一步拓展应用系统的可用性。同时,还可以为云管理平台开发互联网技术资产配置信息管理平台——互联网技术资产配置管理数据库,来存放标准化配置信息与资产间的关系信息,这不但能帮助云数据中心服务商快速找到互联网技术资源、配置信息及资产间的相互关系,推动管理流程的优化改善,还能对资产配置信息与关系信息进行科学分类与建模,实现数据中心配置变更管理的规范化、流程化。

在完善云管理平台后,数据的运维便可以实现事半功倍的良好效果。数据运维的主要对象包括机房环境基础设施,以及互联网技术服务涉及的设备、系统软件与数据、管理工具等。传统数据中心以人工运维为主的运维模式,难以对数据资源进行统一管理,也不能快速完成资源池资源的再分配与闲置资源的回收。为解决这些问题,云数据中心的运维将采用以自动化运维为主、人工运维为辅的现代化运维模式。该模式运用了基于 ITIL 的管理框架,并建立符合 PDCA 循环的管理体系,从而对数据的运维管理进行持续改善。测试数据显示,采用该模式的人员服务器比率可达 1∶1500,传统运维模式的这一数字仅有 1∶40。对于企业而言,通过云端数据管理平台和数据中心的建设,不但可以改善信息系统基础设施的管理效率,还能加快自身信息化进程,探索出一条资源利用效率高、环境污染少、经济效益好、人力资源优的数字化发展之路。

第二节　新基建对数据绿色治理的内在要求

纵观世界历史进程,几乎每一次重大疫情过后都会出现新的经济形态。此次新冠肺炎疫情倒逼我国经济加速转型,摆脱对传统经济发展路径与模式的依赖,在线办公、在线教育、信息化医疗、城市智能化管理等产业快速崛起。疫情结束后,国家必将在生物安全、公共卫生、城市管理等领域投入大量资源,提升其信息化、智能化、法治化水平。在此形势下,相关行业及企业在获得前所未有的发展机遇之余,也将面临更加严格的生态保护监管标准。从基础设施建设角度而言,我国在遭遇内外部重大危机时刺激经济恢复的惯常方法就是加快铁路、公路、机场建设投资,借此扩大就业保障民生。但在目前的市场环境下,以往"旧基建"的方法不仅会严重制约我国经济结构的转型升级,还会大概率导致新冠肺炎疫情或其他新型生态风险反复出现,既令相关行业与企业错失发展机遇,又会陷入更加窘迫的绿色发展矛盾。故发展"新基建",推动 5G、汽车智能化、新能源汽车、物联网、人工智能、工业互联网等行业快速发展,不仅可以稳固实体经济,还能通过固定资产的数字虚拟化与结构化,极大降低资源分配共享成本、能源资源消耗和环境保护风险,如表4-1 所示。

表 4-1　新基建领域及应用

	领　域	应　　用
新基建	5G 基建	工业互联网、车联网、物联网、企业上云、人工智能、远程医疗等
	特高压	电力等能源行业
	城际高速铁路和城市轨道交通	交通行业
	新能源汽车充电桩	新能源汽车
	大数据中心	金融、安防、能源等领域及个人生活（出行、购物、运动、理财等）
	人工智能	智能家居、服务机器人、移动设备、自动驾驶
	工业互联网	企业内部智能化生产、企业间网络化协同、企业与用户间个性化定制、企业与产品间服务化延伸

一、特高压——科技创新与能源革命

“十三五”时期以来，我国风电项目有序发展，相关技术不断进步，成本持续降低。据国家能源局发布的数据显示，2019 年第一季度末，全国风电累计并网装机容量达 1.89 亿千瓦，已达到“十三五”规划目标的 90%。其实，早在 2012 年，我国并网风电装机容量就已超过美国，成为世界第一风电装机大国。我国发展风电的缘由与许多国家一样，为调整能源结构，发展清洁能源，降低大气污染。但与其他国家不同的是，日渐严重的雾霾加速了风电发展进程。2012 年冬，雾霾使我国 1/4 国土面积上近 6 亿人深受影响。2013 年 9 月，国务院出台《大气污染防治行动计划》，明确提出要尽快调整能源结构。2014 年 5 月，为防治大气污染，国家加快《大气污染防治行动计划》中提到的 12 条重点输电通道建设，其中就包括“四交四直”特高压工程。同年，中央经济工作会议将转变经济发展方式，调整产业结构放到了重要位置。

2015 年，党的十八届五中全会召开，会议通过了《中共中央关于制定国民经济和社会发展第十三个五年规划的建议》，明确提出“创新、协调、绿色、开放、共享”的发展理念，再一次坚定了发展清洁能源的决心。2016 年 3 月召开的“两会”，将“特高压输电”正式列为“十三五”规划重大项目，并将其写入了政府工作报告。2012年至今,从风电到特高压,我国一直在以新技术、新方式探索新能源,推动能源革命的开展。

(一)科技创新推动节能减排

过去几十年,我国电力发展始终坚持"就地平衡"的原则,哪里有需求就在哪里建电厂。因为东中部经济发展速度较快,对电能需求较大,所以这些地区聚集了大量火电厂,环境污染非常严重。经济的高速发展需要消耗大量能源,作为发展中国家,我国能源消费在世界排名第二,导致我国绝大多数城市的大气污染物排放已经达到了区域环境质量达标值允许的最大排放量。对于我国来说,调整能源结构、防控大气污染已经迫在眉睫。特高压电网建设与运营将使这一情况发生极大改善。据国家电网公司发布的数据显示,2009—2011年,1000千伏晋东南—南阳—荆门特高压交流输电线路累计送电209亿千瓦时,其中华北地区向华中地区输送火电共130亿千瓦时,相当于420万吨煤;华中地区向华北地区输送水电共79亿千瓦时,帮助华北地区减少燃煤255万吨。特高压电网被誉为"电网高速公路",在节能减排领域作出了突出贡献,不仅有利于区域经济协调发展,还有利于优化土地资源利用率,减少煤炭燃烧及二氧化碳排放,真正实现节能减排。

(二)能源革命开启绿色能源之路

受益于"向家坝—上海±800千伏特高压直流输电示范工程",上海成为世界最大的"绿色城市"。据统计,四川向家坝每年要通过这一线路向上海输送350亿千瓦时的水电,减少燃煤1600万吨,减少二氧化碳排放2600万吨。在中国能源结构中,煤炭占比达到了70%。在全国大力推广清洁能源的形势下,四川地区的水电优势将通过特高压不断放大。目前,我国工业化、城镇化发展速度越来越快,能源消费需求持续增长,节能减排形势非常严峻。在此形势下,我国必须大力推广清洁能源,以保证我国的能源安全,应对气候变化,谋求可持续发展。

风能、水能、核能、太阳能等清洁能源要想利用,最常用的方式就是转化为电能。我国的水能资源主要分布在四川、云南、西藏等地,风能主要分布在华北、西北、东北和东部沿海地区,太阳能主要分布在西部和北部的沙漠、戈壁滩等地,而能源需求大省主要分布在华北、华中和华东等地。为满足清洁能源大

跨度调运与配置的需求,我国必须建立大容量、远距离的能源运输通道,即特
高压电网。为此,加快特高压工程建设也就成了必然之举。2017 年年底,"四
交四直"特高压线路全部投入运营,华北电网初步形成特高压交流网架,京津
冀鲁新增受电能力 3200 万瓦,长三角新增受电能力 3500 万千瓦,每年可减少
排放 96 万吨二氧化硫、53 万吨氮氧化物和 11 万吨烟尘,防控大气污染的效
果显著。① 借西部、北部地区的清洁能源助推东中部地区的能源消费转型,特
高压已成为我国经济实现绿色发展的重要渠道。

（三）数据助力"5G+智慧电网"

智慧电网也被称为"电网 2.0",最大的特点就是"电力流""数据流"和
"事务流"高度交融,可以更好地检测动力消耗,支撑负载平衡,降低动力成
本,提高动力输送及运用功率,减少故障发生概率,缩短故障维修时间,提高整
个电网的安全性、灵活性,让电商与用户实现双向互动。从电流走向来看,电
网主要包括发电、输电、变电、配电、用电五个环节。通过对电力行业进行充分
调研可以发现,电网对无线通信有着大量潜在需求。在未来的智慧电网中,
5G 有四大应用场景,分别是智能分布式配电自动化、毫秒级精准负控制、低压
用电信息采集、分布式电源。

用电信息采集:在智慧电网的建设过程中,对于电力用户的用电信息采集
系统的建设是非常关键的。通过建设好的用电信息采集系统,可以及时、完
整、准确地掌握用户用电信息。系统采集的用户用电信息作为收费依据,牵扯
千家万户的利益,系统的控制功能影响用户的停电、送电。未来的用电信息采
集可借助对电力用户的用电信息进行采集、处理、监控,借助 5G(边缘计算)
技术,实现用户信息自动采集、用电分析与管理、计量异常监测、相关信息发
布、电能质量监测、智能用户设备信息交互、分布式电源监控等功能。

目前,电力用户用电信息采集的主要业务是计量、传输数据,包括终端上
传主站的状态量采集类业务以及主站下发终端(下行方向)的常规总召命令,
上行流量比较大、下行流量比较少,现有通信方式以 230 兆、无线公网和光纤

---

① 《特高压十年:给中国和世界带来了什么?》,搜狐网,见 https://www.sohu.com/a/
287713139_418320。

传输方式为主,各类用户终端使用集中器,主站由省公司集中部署。早期,信息采集每天会布置 24 个计量点。目前,信息采集主要采用两种,一种是每隔 5 分钟采集一次,另一种是每隔 15 分钟采集一次,每天的 0 点是统一采集点。未来,随着新业务不断发展,用电信息数据需要实时上报。同时,随着终端设备的数量不断增多,用电信息采集将延伸到家庭,借助 5G 技术,电力企业有望获取所有用电终端的负荷信息,通过更精细化的方式实现供需平衡,实现错峰用电。例如,目前欧美等国正在实行阶梯报价机制,需要实时公示电价,让用户可以按需采购。

自动化智能配电:配电自动化是一个综合信息管理系统,融合了计算机技术、数据传输、控制技术、现代化设备及管理等诸多技术与设备,具有许多优点,比如保障和提高供电系统的可靠性、稳定性,使电能质量更高,提高用户服务质量,降低运行费用,减轻劳动强度。目前,最主流的方案就是集中式配电自动化方案,在这个方案中,通信系统的主要功能是传输数据业务,包括终端上传主站的遥测、遥信信息采集、主站下发终端的常规总召、线路故障定位隔离、恢复时的遥控命令等,上行流量比较大,下行流量比较小,主站集中部署在各个地市。近几年,人们对电力可靠供电要求不断提升,要求高可靠性供电区域可以实现不间断供电,将供电事故隔离时间缩短至毫秒级,做到区域不停电,这就对集中式配电自动化系统中的主站集中处理能力与时延提出了更加严格的要求。而 5G 能够保障其通信要求。

所以,未来在配电自动化领域,智能分布式配电自动化将成为主流发展趋势。智能分布式配电自动化的主要特点是将原来主站的处理逻辑下移到智能配电化终端,借助 5G 网络,通过各终端之间的对等通信实现智能判断、分析、故障定位、故障隔离、非故障区域供电恢复等操作,让整个故障处理过程实现全自动化,最大可能地减少故障停电时间和范围,将配网故障处理时间缩短至毫秒级。

精准负荷控制:电力负荷控制系统是一个集现代化管理、计算机应用、自动控制、数字技术为一体实现电力营销监控、电力营销管理、营业抄收、数据采集和网络连接等多种功能的一个完整的系统。一旦电网发生故障,负荷控制就会通过稳控系统切除负荷,保证电网可以维持稳定运行。同时,负荷控制会通过频低压减载装置负荷减载,防止电网崩溃。

目前,在特高压交直流电网建设过渡阶段,保证电网安全的重要措施依然是安全稳定控制系统建设。为保证直流故障后电网依然能稳定运行,电力企业一般会使用多直流提升、抽蓄电站切泵等方式来平衡电网功率缺损。但如果直流电网发生严重故障,这种方式很难阻滞电网频率跌落,仍需紧急切负荷。而采用基于稳控技术的精准负荷控制系统,以生产企业内部的可中断负荷为控制对象,既能应对一些紧急情况,还能将社会影响、经济损失降到最低,所以,从目前的情况来看,基于稳控技术的精准负荷控制系统是一大创新。传统配电网络因为缺少通信网络的支持,切除负荷的方式非直接——切除整条配电线路。如果立足于业务影响、用户体验,电力企业肯定希望尽可能地减少对用户的影响,希望可以对配电网络进行精准控制,先切断可以中断的非重要负荷,例如,电动汽车充电桩工厂内部生产的电源等,将对重要用户的影响降到最小。

分布式电源:分布式电源指的是建立在用户端基础上的能源供应方式,可以独立运行,也可以并网运行,主要包括风力发电、太阳能发电、电动汽车充电站、储能设备及微网等。随着我国能源变革不断推进,清洁能源的快速并网与全部消化,逐渐成为电网企业亟须解决的问题。

我国分布式电源发展速度非常快,占比以年均 1% 的速度持续增加。预计到 2020 年年底,我国分布式电源装机容量能够达到 1.87 亿千伏,在全国总装机容量中的占比将达到 9.1%。在巩固智慧电网发展的过程中,接入分布式能源是非常重要的一个环节。分布式能源接入电网可产生巨大效益,除了能够节省输电网的投资成本外,还能提高整个电力系统的可靠性,对电网提供紧急功率和峰荷电力支持,同时还能提高电力系统运行的灵活性。例如,在风暴与雨雪天气,电力网络遭到大规模破坏,这些分布式能源可以自己形成孤岛或微网,为交通枢纽、医院、广播电视等重要设施提供应急供电。但分布式电源并网也给配电网运行的安全性、稳定性带来了一系列挑战。因为传统的配电网设计没有考虑分布式电源的接入问题。分布式电源接入配电网之后,整个配电网的网络结构将发生根本性改变,将从原本的单电源辐射状网络转变成双电源甚至多电源网络,配网侧将变得更加复杂。因为用户可能是用电方,也可能是发电方,电流将呈现出双向流动、实时变化等特点,所以配电网亟须发展5G和区块链等新技术、新工具,比如分布式能源监控系统,以提高配电网的运行效率、稳定性、灵活性。分布式电源监控系统可以对分布式电源进行监视、控制,由分布式电源监控主站、分布式电源监控子站、分布式电源监控终端和通信系统等部分组成,涵盖了多种功能,例如数据采集和处理、有功功率调节、电压无功功率控制、孤岛检测、调度与协调控制及与相关业务系统互联等。[1]

综上所述,在智慧电网的各种应用场景中,不同场景下的业务要求具有较大的差异,这些差异主要体现在不同的技术指标要求上。电力运营企业与网络设备商应根据这些技术指标要求对电网的技术指标与架构设计进行量化,包括对5G网络切片的安全性要求、业务隔离要求、端到端的业务时延要求进行量化,对网络能力开放要求与网络管理界面进行协商,对商业合作模式与未来的生态环境进行探讨,为电力企业提供能够满足多场景、差异化要求的解决方案,并进行技术验证与示范。

二、数据中心——低能耗与空间节约

在能源、土地成本快速增长的背景下,提高 PUE（Power Usage Effectiveness,是评价数据中心能源效率的指标,是数据中心消耗的所有能源与IT负载能耗的能源比值)是数据中心发展的一个重要方向。新一代数据中心必然是绿色、可持续的,它能实现对能源与空间资源的充分利用,并为数据中心服务商打造可持续发展的计算环境。在新一代数据中心中,数据中心服务商将为其配备大量的节能服务器、节能刀片服务器与节能存储设备[2],并利用新型电源组件、功率封顶、热量智能、紧耦合散热、动态智能散热、液体冷却机柜等技术解决传统数据中心过量制冷与空间拥挤等问题,最终实现散热、供电及计算资源的无缝集成与管理。

---

① 袁国宝:《新基建:数字经济重构经济增长新格局》,中国经济出版社2020年版,第71—78页。
② 吴甜、刘利祥、虎嵩林:《绿色数据中心的服务器节能机制与策略》,《微电子学与计算机》2011年第8期。

新基建之下,云数据中心成为新一代数据中心建设的共同目标。云数据中心是指利用网络虚拟化、存储虚拟化、应用虚拟化、服务器虚拟化、数据中心虚拟化等互联网技术,打造一个标准化、虚拟化、自动化、最优化的适应性基础设施环境与高可用计算环境。云数据中心的特征主要包括高度虚拟化、自动化、绿色节能。其中,虚拟化是指云数据中心的网络、存储、应用及服务器等实现了虚拟化,用户可根据自身的实际需要调取相应资源;自动化是指云数据中心的物理服务器、虚拟服务器、业务流程、客户服务等都实现了自动化管理;绿色节能是指云数据中心的设计、建造、运营等都符合绿色节能标准,其 PUE 值在1.5 以下。

三、工业互联网——绿色平台生态化

推进工业互联网发展是一个庞大复杂的系统工程,对整体规划与生态布局要求较高,需要重视制度设计、供需对接、跨界合作、节能增效、科技创新与人才培养并举。美国、德国、日本等国家的实践案例皆证明了这一观点。对于我国而言,我国工业体系完备,应用场景与需求更为复杂,更需要重视顶层制度对接与产业生态建设。

(一)平台赋能:树立工业互联网绿色发展新标准

在工业互联网领域,工业互联网平台是产业竞争的核心所在。通用电气公司(General Electric Company,GE)、西门子等工业巨头利用自身的高端装备与产品,建立了具有工业设备连接、工业大数据分析、工业应用服务等多种功能的工业互联网平台,从而拥有了"云+端"、"制造+服务"、实体与虚拟相融合等平台优势,意欲在全球工业互联网产业竞争中掌握更多主动权。与此同时,国际商业机器公司(International Business Machines Corporation,IBM)、美国电话电报公司(American Telephone & Telegraph,AT&T)、微软、思科、亚马逊、英特尔等信息通信巨头利用自身在软硬件系统及解决方案方面的强势地位,也在积极发力工业互联网平台。

同时,包含绿色健康可持续在内的标准竞争是市场竞争的重要组成部分,直接影响产业的技术体系、产业体系等。当前,推动工业互联网标准化受到了世界各国的高度重视。例如,美国主导的工业互联网联盟 IIC(Industrial

Internet Consortium)长期致力于打造全球统一的工业互联网技术标准,并与国际标准化组织 ISO(International Organization for Standardization)、国际电工委员会 IEC(International Electrotechnical Commission)、开源组织及区域标准研制部门进行深度交流合作,有效加快了相关标准的研究制定进程。① 德国"工业4.0 平台"建立了标准化机构实验室网络 4.0(Lab Networks Industrie 4.0,LNI 4.0),实验室网络 4.0 全面负责制造业网络化与智能化领域的标准研究制定工作,而且国际商会与工业 4.0 平台已经就"标准与互操作"达成合作关系,共同推进相关标准的研究制定。除了推进工业互联网平台建设以及标准研究制定外,制造企业、信息通信企业、产业联盟及各国政府在建立标准化的工业互联网商业解决方案、培育工业互联网生态体系、加强工业互联网应用安全等方面也投入了海量资源。②

(二)架构平台:驱动企业数字化

近年来,我国工业化进程日渐提速,人力成本与生产制造原料成本不断攀升,消费者越发重视产品工艺与品质,企业发展方式逐渐从要素驱动、大规模生产转变为创新驱动、质量提升。同时,传感器、存储设备、感知设备、传输网络等工业设备设施持续迭代,再加上现代科技的广泛应用,推动着产品制造过程、生产方式、服务模式等不断创新。这种背景下,制造企业必须积极拥抱新变化、新技术、新趋势,搭上工业互联网"快车",加快自身的数字化转型。

在工业和信息化部指导下,工业互联网产业联盟对工业互联网术语与定义进行了汇总,编制了《工业互联网术语与定义(版本 1.0)》报告(以下简称"报告")。在报告中,工业互联网被定义为"满足工业智能化发展需求,具有低时延、高可靠、广覆盖特点的关键网络基础设施,是新一代信息通信技术与先进制造业深度融合所形成的新兴业态与应用模式"。工业互联网使原材料、产品、机械设备、控制单元、信息系统以及人实现互联互通,利用对工业数据的全面深度感知、实时传输交换、快速记忆处理与高效建模分析,有效推动

---

① 杜传忠、金文瀚:《美国工业互联网发展经验及其对中国的借鉴》,《太平洋学报》2020 年第 7 期。

② 肖洋:《西方科技霸权与中国标准国际化——工业革命 4.0 的视角》,《社会科学》2017 年第 7 期。

运营控制、运营优化等生产组织方式革新。报告将工业互联网平台定义为"面向制造业数字化、网络化、智能化需求,构建基于海量数据采集、汇聚、分析的服务体系,支撑制造资源泛在连接、弹性供给、高效配置的工业云平台"。工业互联网平台可以广泛采集数据、支持海量工业数据的深度处理与分析,从而帮助企业沉淀和复用知识。

泛在连接、云化服务、知识积累、应用创新是工业互联网平台的重要特征。从功能方面来看,工业互联网平台不但有智能感知、网络传输、智能应用等通用物联网平台功能,还能对生产现场各要素进行科学有效的计划、组织、协调、控制与检测,始终确保其处于良好的结合状态,助力实现安全、高效、文明生产。工业互联网平台架构主要包括基础设施层、支撑平台层与工业应用层三大部分:

基础设施层:由采集设备与网络基础设施构成的基础设施层处于工业互联网平台的最底层。其中,采集设备可细分为射频识别(Radio Frequency Identification,RFID)、传感器等技术与设备,它可以将设备接入并集成至云端,通过协议转化确保海量工业数据的互联互通与互操作。网络基础设施可细分为服务器、存储器、互联网设施等基础设施,它可以通过边缘计算技术进行数据预处理(如剔除错误数据、缓存数据等)与边缘实时分析,从而有效缓解网络传输负载与云端计算压力。

支撑平台层:由制造管理平台、物联网技术平台、大数据处理平台构成的支撑平台层处于工业互联网平台的中间层位置。支撑平台层在工业互联网平台中扮演的角色主要是为工业用户提供数据管理与分析服务,积累各行业、各领域的技术、知识、经验等资源,并对资源进行封装、固化与复用。此外,工业互联网平台还能将资源以工业微服务的形式提供给开发人员。制造管理平台的主要功能是建立业务模型、数据模型、流程引擎与各种开发工具,从而使企业获得各类工业应用软件。物联网技术平台的主要功能是帮助设备接入网络,并对数据进行存储及处理。大数据处理平台的主要功能是从海量设备数据中挖掘出有较高价值的数据,从而为企业的运营管理(如生产安全监控、能耗分析、故障诊断等)提供有效指导与帮助。

工业应用层:工业应用层的主要功能是通过云化软件的形式,为工业用户提供一套完善的制造应用与创新性应用服务,比如专家诊断、设计仿真、生产管控、业务协作等。以专家诊断为例,专家诊断可让制造企业及时发现设计、生产、装配、试验、售后等环节的问题,并给出针对性的建议,促进企业的精益化、规范化生产。

我国政府应加快研究制定推动互联网企业与制造企业绿色发展的利好政策,培育一批具有示范带动效应的新型能源社区、融合型产业生态联盟、制造业创新中心,鼓励制造企业与互联网企业加强交流合作,在共同攻坚大数据物联网、人工智能、工业控制等关键技术之余,加快推进数据接口、数据平台、网络互联、安全防护等高效节能、精准管控方面的虚拟化工作。同时,我国政府还应为需求方与供给方搭建便捷、高效的制度连接通道,坚持"应用导向""提高系统集成能力与综合服务能力"原则,优先培育一批拥有自主品牌的工业互联网系统方案供应商与应用服务商,从而吸引更多的制造企业实施智能化转型,为工业互联网产业摆脱传统生产模式及能源路径依赖发展增添新活力。①

此外,想要打造完善的工业互联网绿色生态,政府部门与产业协会要做好协调统筹工作,加快研究制定制造企业工业互联战略规划。② 比如积极引导制造企业与设备和零部组件供应商、外协生产商、设备制造商、平台供应商、软件开发商、系统集成商等各方达成统一行业标准,从而建立支撑工业互联网实现可持续发展的优良生态,培育并发展智能生产、网络协同、服务延伸、个性定制等新兴业态,全面助推制造业的转型升级。相关企业也应该积极配合政府部门与产业联盟工作,持续推进自身的云基础设施与设备智能改造,增强自身对工业数据的搜集与应用能力;加强数据规范使用,实现数据在企业设备、车间、部门、岗位及合作伙伴间的实时双向流动,在提高自身市场竞争力的同时,减少能耗需求、提升产品附加值,为我国制造业向高科技转型升级贡献能量。

---

① 徐宪平主编:《新基建:数字时代的新结构性力量》,人民出版社 2020 年版,第 79—84 页。

② 魏津瑜、马骏:《数据治理视角下的工业互联网发展对策研究》,《科学管理研究》2020 年第 6 期。

第三节　新基建下数据绿色治理的法治化方案

经由对绿色治理的含义解析及新基建代表性场景的结合,在数据语境下的绿色治理需要政策的充分保障,而政策的不稳定性对于新基建这一投入周期较长的工程项目而言,缺乏治理依据来源的持续性供给和保障,故应当引入更加成熟、稳健的制度工具予以引导和规范,而法治则是当前国家治理体系着重运用的路径工具。① 事实上,随着新修订的《中华人民共和国环境保护法》的出台,加之各地对于数据立法的不断加强,法治赋能数据绿色治理已经成为大势所趋。根据新基建的现状与特征,未来可从以下四个角度予以展开:

一、提升绿色公共政策的法治水平

建设生态文明是中华民族永续发展的千年大计,今日中国要建设的现代化是人与自然和谐共存的现代化,是不断提供优质生态产品满足人们日益增长的对优美环境的需要的现代化,社会生态化是现代化建设的题中之义。政治生态化是当前实现绿色治理的关键,为了协调人类和自然生态系统的关系,人类社会必须进行深刻的变革,变革起因在于生态,但变革本身在于社会和经济,而完成变革的过程则在于政治。

我国政府主导下的绿色治理活动要走符合现实国情的特色道路。我国的绿色发展之路需要顶层设计发挥价值导向的引导作用,把绿色治理理念纳入顶层设计是摆脱现代化治理进程中发展误区的宏观战略。② 各级政府在制定绿色治理公共政策时应秉持底线思维,强化法治意识,依托国家治理法治化框架,全面提升政策制定与实施中的法治站位。

具体可从公共绿色政策的文本内容、贯彻执行与社会监督三个方面进行

---

① 廖小东、史军:《西部地区绿色治理的机制研究——以贵州为例》,《贵州财经大学学报》2016年第5期。

② 陈平、封晓健:《新时代我国绿色治理的结构性路径探析》,《中共天津市委党校学报》2020年第4期。

法治化构建：

其一，在关涉生态环境保护、各行业绿色发展的政策性文本制定过程中，应严格遵循法治程序，从调研立项、意见征求、公开听证、及时修正等多环节保障政策的必要性与合法性，对于人民群众反响强烈的政策应及时进行沟通反馈。例如，针对敦煌阳关林场进行的"剃头式砍伐"事件，因有关政策文件已明确载明涉事林场的总面积与保护要求，故当地省委、省政府的调查结论受到社会舆论广泛质疑，包括林场实际面积与政策文件规定不符、葡萄种植责任单位不清、林场保育与开发流程不明等。类似情况近年来在生态脆弱的省份频频发生，诸多绿色公共政策在制定之初考虑不周，为权力寻租预留了空间。一旦环境生态事件发酵，文本自身的合理性瑕疵不仅严重影响当地政府的公信力，更有违党中央对绿色发展的坚定态度，应当从政策文本的源头抓起，自始予以规范并及时进行纠偏。

其二，公共政策需要依托各级政府的具体人员或组织进行实施，灵活理解政策中较为原则性和概括性的内容，坚定地予以执行十分关键。党的十八大全面从严治党以来，多数干部为了不犯错选择了不作为，特别是对于环境保护和绿色发展等短时间内难有明显政绩的议题，更是敷衍了事。为严惩懒政和为官不为现象，党的十八届六中全会通过的《关于新形势下党内政治生活的若干准则》指出，"建立容错纠错机制，宽容干部在工作中特别是改革创新中的失误"，"容错机制"的适时提出给有志投身于改革实践的党员干部吃下一颗定心丸。绿色治理既需要干部严格依法办事依法自律，又把干部在治理过程中因缺乏经验导致的失误同违法乱纪行为区分开来，把上级无明确限制的探索性试验同我行我素的违法乱纪行为区分开来，把干部的无意过失同牟利的违法行为区分开来。伴随新冠肺炎疫情后全球范围内的政治发展潮流和生态危机，我国追赶式的经济发展模式，采取先发展后保护的发展战略，使生态环境保护更具有紧迫性。

其三，我国的绿色治理在强调转变经济发展方式以保护生态环境的同时，提高社会公众参与度，加强党外监督，亦是保障绿色治理在法治轨道下运行的重要一环。中国共产党独特的历史地位及政治作用决定了依法从严治党的重要性。作为执政党，在组织运用国家资源方面，中国共产党具有其他政党不可比拟的优势。中国共产党是领导一切事业的核心,在党的十九届三中全会上,党中央再次强调加强党的全面领导,强化党的组织在同级组织中的领导地位,因而其廉洁程度与国家民族命运紧密相连。为此,社会各界应积极参与公共政策的运用过程,在赋予执政党强大政治权力的同时,立足各行各业的实际情况和法治依据,确保权力运行的必要性与正当性,使包括绿色治理在内的多项国家治理活动在多元协同下全面推进。①

二、创新区域经济特征的环保法规

中国的经济发展具有鲜明的区域特征,进而在环境保护与绿色发展方面所扮演的角色亦有所差异。总的来看,我国东部地区经济增速远超广大西部地区,城市化进程和人口稠密度均十分突出。由此,我国目前主要的区域经济带,如京津冀、长三角、粤港澳等地区在大气、水体、土地等方面的环境保护负担较大,亦是其绿色发展所要考虑的前提基础。相较之下,东北和西北地区存在生态环境脆弱且依赖自然资源开采的结构性矛盾,因此合理开发、保护当地自然资源是上述地区,如新疆、西藏、内蒙古、山西、陕西、黑龙江、吉林等省区的主要任务。基于此,在传统经济模式下,绿色治理的第一层含义需要做好适配当地自然环境保护现状的环保法规,停止对生态环境的进一步破坏。目前,从现有各省、自治区、直辖市出台的地方性法规中可窥见一斑(见表4-2)。

表4-2　各省、自治区、直辖市地方性法规中有关自然环境保护的内容

省、自治区、直辖市	代表性地方法规	治理内容
北京市	《北京市生活垃圾管理条例》《北京市危险废物污染环境防治条例》《北京市机动车和非道路移动机械排放污染防治条例》《北京市水污染防治条例》《北京市水土保持条例》《北京市大气污染防治条例》	大气、水体、绿地、生活垃圾、危险废物管理

① 李维安、徐建、姜广省:《绿色治理准则:实现人与自然的包容性发展》,《南开管理评论》2017年第5期。

省、自治区、直辖市	代表性地方法规	治理内容
天津市	《天津市生态环境保护条例》《天津市大气污染防治条例》《天津市海洋环境保护条例》《天津市矿产资源管理条例》《天津市河道管理条例》	大气、水体、矿产资源保护与管理
上海市	《上海市生活垃圾管理条例》《上海市环境保护条例》《上海市大气污染防治条例》《上海市绿化条例》《上海市市容环境卫生管理条例》	大气、生活垃圾、绿地管理
重庆市	《重庆市水资源管理条例》《重庆市气象条例》《重庆市航道管理条例》《重庆市大气污染防治条例》《重庆市林地保护管理条例》《重庆市森林防火条例》	大气、水体、林地、航道保护与管理
黑龙江省	《黑龙江省大气污染防治条例》《黑龙江省环境保护条例》《黑龙江省地质环境保护条例》《黑龙江省湿地保护条例》《黑龙江省农业环境保护管理条例》	大气、湿地、农地等管理与保护
吉林省	《吉林省生态环境保护条例》《吉林省辽河流域水环境保护条例》《吉林长白山国家级自然保护区管理条例》《吉林省自然保护区条例》《吉林省大气污染防治条例》《吉林省松花江流域水污染防治条例》	大气、水体、自然保护区等管理与保护
辽宁省	《辽宁省环境保护条例》《辽宁省地下水资源保护条例》《辽宁省机动车污染防治条例》《辽宁省大气污染防治条例》《辽宁省石油勘探开发环境保护条例》《辽宁省水污染防治条例》	大气、水体、矿产勘探等管理
河北省	《河北省生态环境保护条例》《河北省水污染防治条例》《河北省城市市容和环境卫生条例》《河北省湿地保护条例》《河北省乡村环境保护和治理条例》《河北省固体废物污染环境防治条例》	水体、湿地、固体废物等管理
山东省	《山东省环境保护条例》《山东省大气污染防治条例》《山东省水污染防治条例》《山东省地质环境保护条例》《山东省海洋环境保护条例》《山东省土壤污染防治条例》《山东省南水北调工程沿线区域水污染防治条例》《山东省辐射污染防治条例》	大气、水体、海洋、土壤、辐射物等管理
河南省	《河南省建设项目环境保护条例》《河南省大气污染防治条例》《河南省水污染防治条例》《河南省减少污染物排放条例》《河南省固体废物污染环境防治条例》	大气、水体、污染物管理
湖北省	《湖北省汉江流域水环境保护条例》《湖北省清江流域水生态环境保护条例》《湖北省大气污染防治条例》《湖北省天然林保护条例》《湖北省土壤污染防治条例》《湖北省水污染防治条例》《湖北省湖泊保护条例》	重点水域、湖泊、大气、林地、土壤等管理与保护

续表

省、自治区、直辖市	代表性地方法规	治理内容
湖南省	《湖南省大气污染防治条例》《湖南省环境保护条例》《湖南省野生动植物资源保护条例》《湖南省洞庭湖区水利管理条例》《湖南省东江湖水环境保护条例》	大气、野生动植物、重点水域的管理与保护
江苏省	《江苏省生态环境监测条例》《江苏省大气污染防治条例》《江苏省地质环境保护条例》《江苏省野生动物保护条例》《江苏省机动车排气污染防治条例》《江苏省湖泊保护条例》《江苏省长江水污染防治条例》《江苏省固体废物污染环境防治条例》《江苏省太湖水污染防治条例》《江苏省海洋环境保护条例》	大气、水体、废气、固体废物等管理
浙江省	《浙江省水污染防治条例》《浙江省大气污染防治条例》《浙江省机动车排气污染防治条例》《浙江省生活垃圾管理条例》《浙江省饮用水水源保护条例》《浙江省水土保持条例》《浙江省河道管理条例》《浙江省钱塘江管理条例》	大气、水体、废气、生活垃圾废物、土壤、河道等管理
安徽省	《巢湖流域水污染防治条例》《安徽省淮河流域水污染防治条例》《安徽省环境保护条例》《安徽省湖泊管理保护条例》《安徽省大气污染防治条例》	大气、水体、重点水域等管理与保护
江西省	《江西省生态文明建设促进条例》《江西省湖泊保护条例》《江西省大气污染防治条例》《江西武夷山国家级自然保护区条例》《江西省机动车排气污染防治条例》《鄱阳湖生态经济区环境保护条例》《江西省湿地保护条例》《江西省环境污染防治条例》	大气、重点水域、自然保护区、湿地等管理与保护
福建省	《福建省大气污染防治条例》《福建省环境保护条例》《福建省湿地保护条例》《福建省海洋环境保护条例》《福建省水土保持条例》《福建省流域水环境保护条例》	大气、水体、湿地、海洋等管理与保护
广东省	《广东省环境保护条例》《广东省大气污染防治条例》《广东省水污染防治条例》《广东省水土保持条例》《广东省湿地保护条例》《广东省韩江流域水质保护条例》《广东省水源水质保护条例》《广东省机动车排气污染防治条例》《广东省森林保护管理条例》《广东省固体废物污染环境防治条例》	大气、水体、湿地、林地、固体废物、废气等管理
海南省	《海南省生态保护补偿条例》《海南省红树林保护规定》《海南省大气污染防治条例》《海南省水污染防治条例》《海南省饮用水水源保护条例》《海南省环境保护条例》	大气、水体、林地等管理与保护
贵州省	《贵州省水污染防治条例》《贵州省水资源保护条例》《贵州省生态文明建设促进条例》《贵州省水土保持条例》《贵州省赤水河流域保护条例》《贵州省森林条例》《贵州省大气污染防治条例》	大气、水体、重点水域、林地等管理与保护

省、自治区、直辖市	代表性地方法规	治理内容
云南省	《云南省大气污染防治条例》《云南省阳宗海保护条例》《云南省星云湖保护条例》《云南省程海保护条例》《云南省杞麓湖保护条例》《云南省抚仙湖保护条例》《云南省生物多样性保护条例》《云南省陆生野生动物保护条例》《云南省环境保护条例》	大气、重点水域、野生动植物等管理与保护
四川省	《四川省城镇排水与污水处理条例》《四川省饮用水水源保护管理条例》《四川省沱江流域水环境保护条例》《四川省固体废物污染环境防治条例》《四川省环境保护条例》	水体、重点水域、固体废物等管理
陕西省	《陕西省秦岭生态环境保护条例》《陕西省大气污染防治条例》《陕西省放射性污染防治条例》《陕西省饮用水水源保护条例》《陕西省封山禁牧条例》《陕西省固体废物污染环境防治条例》《陕西省汉江丹江流域水污染防治条例》	大气、林地、重点水域、固体废物等管理
山西省	《山西省土壤污染防治条例》《山西省水污染防治条例》《山西省大气污染防治条例》《山西省环境保护条例》《山西省永久性生态公益林保护条例》《山西省减少污染物排放条例》	土壤、大气、水体等管理与保护
甘肃省	《甘肃省辐射污染防治条例》《甘肃省水污染防治条例》《甘肃省石油勘探开发生态环境保护条例》《甘肃省环境保护条例》《甘肃省大气污染防治条例》《甘肃省自然保护区条例》《甘肃祁连山国家级自然保护区管理条例》	辐射物、水体、大气、石油矿产、自然保护区等管理
青海省	《青海省大气污染防治条例》《青海省绿化条例》《青海湟流域生态环境保护条例》《青海省饮用水水源保护条例》《青海省湟水流域水污染防治条例》《青海省湿地保护条例》	大气、水体、湿地等管理与保护
广西壮族自治区	《广西壮族自治区水污染防治条例》《广西壮族自治区大气污染防治条例》《广西壮族自治区红树林资源保护条例》《广西壮族自治区古树名木保护条例》《广西壮族自治区饮用水水源保护条例》《广西壮族自治区环境保护条例》《广西壮族自治区湿地保护条例》《广西壮族自治区海洋环境保护条例》	大气、水体、湿地、海洋等管理与保护
宁夏回族自治区	《宁夏回族自治区水污染防治条例》《宁夏回族自治区大气污染防治条例》《宁夏回族自治区环境保护条例》《宁夏回族自治区河湖管理保护条例》《宁夏回族自治区湿地保护条例》《宁夏回族自治区生态保护红线管理条例》	大气、水体、湿地等管理与保护
内蒙古自治区	《内蒙古自治区土壤污染防治条例》《内蒙古自治区额济纳胡杨林保护条例》《内蒙古自治区水污染防治条例》《内蒙古自治区环境保护条例》《内蒙古自治区珍稀林木保护条例》《内蒙古大兴安岭汗马国家级自然保护区条例》《内蒙古自治区大气污染防治条例》	土壤、大气、水体、珍稀林木、自然保护区等管理与保护

续表

省、自治区、直辖市	代表性地方法规	治理内容
新疆维吾尔自治区	《新疆维吾尔自治区地质环境保护条例》《新疆维吾尔自治区平原天然林保护条例》《新疆维吾尔自治区湿地保护条例》《新疆维吾尔自治区自然保护区管理条例》《新疆维吾尔自治区野生植物保护条例》《新疆维吾尔自治区环境保护条例》《新疆维吾尔自治区大气污染防治条例》	土壤、林地、湿地、自然保护区、野生动植物、大气等管理与保护
西藏自治区	《西藏自治区国家生态文明高地建设条例》《西藏自治区大气污染防治条例》《西藏自治区环境保护条例》	大气管理与保护

资料来源:各地方人大网。

总览现有的环境保护绿色治理地方性法规,呈现出较为明显的区域性特征:

第一,经济发达省份或地区的绿色治理法规较为细致和全面,除大气、水体、土壤等基本治理对象外,亦关注居民日常生产生活对环境造成的多种污染行为。

第二,经济欠发达省份或地区努力挖掘地方特色,营造生态保护高地。此类地区多以农业或矿产开发为经济支撑,加之生态条件脆弱,故多数围绕具体治理对象专设绿色发展法规。

第三,个别省份除以治理对象设置环保法规外,还增设了具有规划指导意义的绿色发展计划性法规,体现出党的十八大以来各地方在践行本区域环保要求时的整体意识、系统观念有所提升。

三、明晰数据治理场景的绿色标准

党的十九届四中全会以来,数字经济备受国家和社会各界关注。尤其在新型冠状肺炎疫情出现后,数字经济业态发展迅猛,在国民经济发展中的战略地位日益突出。党的十九届五中全会与"十四五"规划意见中,多次提及促进数据及相关产业健康发展,结合会议提出的"创新、协调、绿色、开放、共享"的新发展理念,可以说,现有国家治理体系围绕数据展开规制已是应有之义。

　　然而结合我国数字经济发展水平、地方区域经济差异化程度、地方法治资源与能力参差不齐等现实情况，相较于新发展理念中的其他要求，数据的"绿色治理"阻力颇大。

　　首先，目前各省区市对于数据产业发展的法治关注度和支持度存在区别，目前出台了促进数据或数字经济发展相关地方性法规的地区屈指可数（见表4-3）。

表4-3　数据或数字经济治理地方法规及其绿色治理相关内容

省、直辖市名称	数据或数字经济治理地方法规	绿色治理内容
浙江省	《浙江省数字经济促进条例》	应当按照空间集聚、规模发展、技术先进、节能降耗的要求，加强高等级绿色数据中心建设和传统数据中心整合改造，推动云计算、边缘计算等多元计算协同发展，构建高效协同的数据处理体系
天津市	《天津市促进大数据发展应用条例》	强化农村生态环境治理，促进城乡一体化发展无条件开放的政务数据应当以可机读标准格式开放，公民、法人和其他组织可以通过开放平台在线访问、获取
山西省	《山西省大数据发展应用促进条例》	应当支持和促进大数据产业园区配套建设可再生能源发电和大型储能项目；支持数据中心全电量优先参加电力直接交易，鼓励开展风力、光伏等新能源电力交易，降低用电成本
贵州省	《贵州省大数据发展应用促进条例》	按照适度超前、合理布局、绿色集约、资源共享的原则，编制本省大数据发展应用总体规划

　　由此不难发现，除浙江省的"数字经济促进条例"明确提及了针对数据的"绿色治理"内容，其他现有数据相关地方性法规并未写明或考量绿色发展理念对于数据治理的重要性。

　　数据绿色治理的法治化、标准化进程正在不断加速，尽管目前国家与地方法律法规存在制度缺失，但各地方围绕新发展理念开展数据立法活动已是大势所趋。由此可见，数据绿色治理理念逐步深化，未来在结合具体场景后将成为检验数字基础设施与数据治理水平的关键指标之一。

四、完善数字社会的绿色规则体系

（一）深化既有法律体系中的数据绿色治理内容

社会数字化发展的进程随着新基建不断加快将全面提速，相较于产业数字化与数字产业化,绿色数字化所面临的挑战尤为严峻。根据前述传统意义上的环保法律体系与数据法律体系的对比,能够清晰地得出,现有法律体系对于绿色理念的贯彻和落实还存在较大差距,在立法、执法、司法和守法各个环节均有不足。①

　　立法方面的问题,党的十八大已经将生态文明建设提高到国家战略发展层面,并写入党章,进而写入《中华人民共和国宪法》,奠定了完整的党内根本法规基础和国家根本法基础。但遗憾的是,《中华人民共和国宪法》缺乏对生态文明建设方面系统的阐述,环境权作为公民基本权利并没有得到法律上的认可。此外,作为绿色治理的基础法律,《中华人民共和国环境保护法》以及相关的单行法在内容上缺乏对数据治理的考量,针对绿色发展中面临的新问题没有作出及时的调整与修订,从而影响了数据绿色治理法律体系的正当性基础。②

　　执法方面的问题,除了提升绿色公共政策的法治化水平外,执法队伍建设、执法组织管理、执法效果监督等保障数据绿色治理实施的诸多环节,均应纳入法治框架之下。在以往的生态法治建设中,目前各地方在生态执法方面的表现参差不齐、问题较多,例如环境监管主体过多,执法过程以情代法、以罚代法,公众执法监督缺位等现象普遍存在,这些问题影响了环境保护法的权威性,也限制了未来数据绿色发展的进一步推动和落实。

　　司法方面的问题,通常涉及环境保护的司法救济多通过公益诉讼形式实现。但现行公益诉讼制度的原告主体资格范围较窄,且公益诉讼过程中,公益诉讼起诉人在制度方面得不到有力保障,导致诉讼过程难以为继,多数案件只能不了了之。由此可见,在数据绿色治理过程中发生的案件,因其取证更加困难,在审理时对当事人及法院均是严峻的挑战;此外,检察机关在公益诉讼案件中缺乏对"绿色数据"调查取证身份权限的明确规定,进而无法充分发挥司法检察与司法监督职责。

　　守法方面的问题,当前我国公民在生态环境保护和数据绿色发展方面的

①　陈驰:《绿色法治论略》,《四川师范大学学报(社会科学版)》2017年第3期。
②　向荣淑:《完善生态法治　推动绿色发展》,《人民论坛》2019年第7期。

法治素养存在不足。如前所述,我国从农业社会过渡到现代社会的时间还相对较短,工业化社会发展程度有限便直接迈入信息化社会,在人与自然的关系理念上难免存在滞后和脱节。当下,社会公众对环境保护法以及相关法律法规缺乏深刻认识,在日常生活中存在不文明行为,绿色法治建设在基层的落实困难重重。进言之,传统社会生产生活环保理念的不足也严重限制了对数据这一虚拟层面的绿色发展观念的理解。故基层绿色发展法治观念的宣传普及工作应当结合数字化社会前沿趋势,作出具有前瞻性的全面部署。

(二)强化数据治理与绿色治理间的制度联结

数据治理和绿色治理作为国家治理体系的重要组成部分,均包括行政体制、经济体制及社会体制等多重内涵。现代国家治理体制需要处理政府、市场与社会之间的关系,形成三者的良好合作与互动,形成优化的政府治理体系、市场治理体系和社会治理体系。现代化的国家治理体系必须完成从一元治理向多元治理的转变,而"碎片化治理"是多元治理必然要克服的困难,前者会导致各部分之间相互转嫁成本,具体表现在公共服务水平低下,重复建设严重,深层次原因使多元主体的领域界限模糊、功能不清晰,导致政企关系、政社关系复杂,现代化国家治理体系需要成为有机的治理体系,注重国家治理体系中各子系统功能的正常发挥与社会结构的优化。后者意味着"社会系统诸要素或各部分之间按一定的方式组织结合起来,从而形成的一种相对确定的相互构成关系和作用方式,它们之间具有较为确定的稳固联系和明显的序列层次关系,这就决定了社会系统的相对不变性和秩序性"。① 具体到数据治理与绿色治理,一方面,重视两个治理体系外部结构的优化,多元治理主体之间相互制约与契合,各部分之间相互促进,达到整体效能大于两者之和,使之具有系统性与协同性;另一方面,治理体系中的各个部分体系能够职责清晰、各司其职,每个治理主体的效能得到最优发挥,政府治理体系提供制度供给和秩序维护,市场治理体系支撑"自发秩序"和财力供给,社会治理体系活跃社会力量,培育社会资本。对于未来新基建中各类政府和社会资本合作(PPP)建设项目,如何规范引入社会化资本运营,令政府、市场和社会多种因素在共建共

① 李萍:《西方社会学理论视野下的中国社会建设》,《行政论坛》2012年第3期。

享共治产业革命之余,兼顾绿色治理理念无疑将是至关重要的命题。为此,可以工业互联网的数据绿色治理为例,简要说明当前存在的问题及改进方向。

工业互联网是在传统互联网的基础上建立起来的。这种演化是工业技术发展的必然趋势。传统互联网将人与人通过计算机网络连接在一起,分享各种信息,传递各种需求,获得各种服务,是人类社会、经济、科技发展的巨大进步。目前,工业互联网数据采集环节主要受到两个方面的制约。一是部分机器没有数据接口,二是存在大量异构的通信规范。随着新基建的不断推进,大量传感器设备将添附在机器设备之上并完成互联组网。而对于存在结构差异的数据信息流,则是更加棘手和迫切的问题所在。在数据治理兴起之初,企业更多地将精力投注于数据采集、分析、使用、开发层面,然而当数据体量急剧膨胀时却受制于数据质量无法进行深度挖掘,致使虚耗数据采集成本和存储空间。目前,多数行业头部企业已经认识到数据清洁的重要性,对于存量和新增数据应借助统一通信规范,即在异构通信规范之间采用全兼容的数据治理技术,如利用通信网关在工业互联网技术体系中提供边缘计算的方式进行系统性优化,从而降低数据冗余,实现数据治理的绿色可持续循环。这是与传统互联网明显不同的地方。每一种通信协议都对应着通用网关中的一种通信驱动,经由通信数据包交给通用网关进行边缘计算,以便分解出有效的信息来。这将极大地降低数据在使用过程中的成本,显著提升数据的可用性。

实际上,数据治理本身暗含着对绿色治理的要求,在当前新基建项目迅猛开展之际,"重量不重质"的发展思路与传统"先污染后治理"模式并无不同。故而无论是从国家治理体系的现代化建设角度而言,抑或是新基建的具体场景出发,数据治理与绿色治理间的逻辑关联必须得到足够重视和夯实。数据在治理的全周期环节中都应保持着绿色可持续发展的观念主线,唯此,面向数字社会的治理体系与治理水平才能真正实现提质增效、与时俱进。

(三)细化数字时代的绿色规则体系

数字经济浪潮下,社会生产生活模式的升级和转变已然是大势所趋。立足于经济基础之上的法律制度规则体系,正在经历由浅至深、从外在到内里的全面调整。数据不同于其他要素,对于特定社会关系调整工具而言,都意味着更加立体、多元的制度理解和实施逻辑。聚焦于数据的绿色治理视域,"绿色"意味着实体和虚拟两个层面的内涵解读：

第一，新基建引领的工程建设项目需符合现有环境保护制度设计，包括节能减排、大气水体土壤保护、三废合理化管理等绿色发展内容，是相对消极、基于硬件设施的数据绿色治理及运营思路。

第二，在新基建建设中所收集、使用和管理的数据应为结构化、可读化的清洁数据。对存量和新增数据可通过技术创新与制度创新，保证数据高效利用和存储，这是一种积极的、软性的数据绿色治理模式。

这两个层面的理解对于当前具有显著绿色发展特征的新基建领域至关重要，为进一步理解这一新思路，以眼下关注度较高的绿色数据中心建设为典型例证，可窥一斑而知全豹。

数据中心作为新基建的代表项目，其建设一直被能耗过大等环境议题所困扰，秉持绿色化发展原则已经成为全社会的共识。因此，若想真正落实党中央的新发展理念要求，真正加快数据中心建设进度，必须要明确未来数据中心如何实现绿色化发展的方向。要破解未来数据中心绿色化发展的方向问题，首先要搞清楚绿色数据中心的概念，但绿色数据中心在当前并没有一个准确的权威定义，只能通过了解绿色数据中心的评价指标来理解这一概念。而国内对绿色数据中心的评价方法很多，各有特点，各级政府和技术团体也一直在探索的进程中：

在政策层面，2014 年北京市率先出台了地方标准 DB11/T 1139—2014《数据中心能效分级》，之后一直在逐步推进北京市的绿色数据中心评价工作；2015 年，工业和信息化部、国家机关事务管理局、国家能源局三部门发布了《国家绿色数据中心试点工作方案》，其主要评价指标包括能效水平、碳排放、水资源、有害物控制、废弃电器电子产品处置、管理体系等方面，对绿色数据中心要求使用绿色能源、实现绿色采购、保证绿色运营、确保绿色处置。

在技术层面，2014 年开放数据中心委员会（ODCC）和绿色网格（TGGC）在国内联合开展了对数据中心的绿色等级评估，评估指标涉及能源效率、节能技术和绿色管理三个维度；2015 年，住房城乡建设部印发了《绿色数据中心建筑评价技术细则》，根据《绿色建筑评价标准》（GB/T 50378—2014），对数据中心开展绿色建筑评价给出了具体准则；2018 年，中国电子学会发布了团体标准 T/CIE 049—2018《绿色数据中心评估准则》;2019 年,中国建筑学会发布了团体标准 T/ASC05—2019《绿色数据中心评价标准》。

通过对以上各类政策和评价技术方法汇总分析,绿色数据中心的所有评价指标都可以包含在以下几个维度之中(见表4-4)。

表4-4 绿色数据中心评价指标及其维度

指标\对象	安全性	能效	碳排放	水资源	土地资源	污染排放	循环利用
建筑布局	√	√	√	√	√		
建筑设施	√	√	√	√		√	√
信息设备	√	√				√	√
运维管理	√	√		√			√

从绿色治理对象的维度看,包括建筑布局、动力和环境等建筑设施、IT 信息设备、运维管理四个层次。其中,在建筑布局层面,需要从基建设计角度实现绿色数据中心,包括选址、机房建筑布局、建筑节能设计、维护结构及其材料、机房规划与布局等;在动力和环境设施层面,主要考虑的是供电系统、空调系统、照明系统以及加湿和除尘设施的设计、运行和维护;在 IT 设备层面,主要考虑路由器、网关和服务器等 IT 设备的选型、网络搭建以及使用中的节能优化等;在管理层面,需要从管理角度来实现绿色数据中心,包括管理制度、工作人员、监控系统等方面。

从绿色治理指标的维度看,包括能效、可靠性、碳排放、水资源、土地资源、污染排放、资源回收利用七个方面。其中,能效强调的是提供单位存储或计算能力消耗的能量;作为新型基础设施,数据中心提供的服务品质更多地体现在数据存储和远程计算的可靠性(包括安全性),越可靠其提供的服务价值也就越高;碳排放关注的是温室气体排放造成的影响;水和土地资源消耗也是绿色数据中心的一个重要评判要素;污染排放主要指噪声和电磁辐射等污染指标的排放;资源回收利用则更多的是从其日常废弃的各类设备、线缆、电池、水等资源的循环利用程度来评价其对环境的友好性。

由以上评价指标不难看出,绿色数据中心应该是:在保障服务安全可靠的前提下,从建筑、设备到管理各方面都能实现资源消耗和对环境影响最小化的数据中心。换言之,现有的政策法规制度在数据中心建造开始便已注重绿色发展观,然而对该理念是否仅局限于硬件设施,各地方在落实中存在不小的差异。2013 年,工业和信息化部、国家发展和改革委员会、国土资源部、国家电力监管委员会、国家能源局联合发布了《关于数据中心建设布局的指导意见》(以下简称《指导意见》),其中涉及了数据中心选址的建议,以及对数据中心用电的支持原则。文件不仅将数据中心按照机架规模分为超大型、大型、中小型三类,同时将数据中心的绿色化推进策略实际上分为了新建和技术升级改造两类。

根据《指导意见》,各地纷纷出台了地方数据中心发展的规划方案。除了个别气候和能源条件较好的地区大力鼓励数据中心建设以外,在经济发达的东部和南部地区,由于气候温暖、能源供应紧张,大多在大型和超大型数据中心新建方面采取收紧政策,而更多的是在推动已有大型和超大型数据中心绿色化技术升级改造方面加大力度。对于中小型数据中心,由于数量众多、管理分散、对国家政策不敏感等原因,实际上是放任发展状态。由于《指导意见》中对数据中心 PUE 值(数据中心总能耗除以互联网技术设备的能耗比)提出了要求,所以在各地实施的政策中,也都将新建和升级改造后的数据中心 PUE 作为主要评价指标。①

由于各地方政府对《指导意见》积极贯彻落实,大量数据中心节能减排技术如雨后春笋般快速出现,从高压直流供电、照明控制到空调的新风和热管等一系列技术得到了广泛应用,让大型和超大型数据中心在动力和环境设施方面的能效水平得到了显著的提升。根据《北京市信息传输业固定资产投资和数据中心耗能调研》(2015 年)报告,对北京市 2013 年典型数据中心的 PUE 调查数据显示,41.03% 的数据中心 PUE 大于 2.0,35.9% 的数据中心 PUE 在 1.8—2.0。根据 2019 年工业和信息化部在《全国数据中心应用发展指引(2018)》中公布的数据:2018 年,全国超大型数据中心平均 PUE 为 1.63,大

---

① 杨茜、李德英、胡文举、王梦圆:《国内外绿色数据中心建筑评价体系研究综述》,《建筑科学》2016 年第 10 期。

型数据中心平均 PUE 为 1.54。2013 年后投产的大型、超大型数据中心平均 PUE 低于 1.50,最优水平达到 1.20 左右。全国规划在建数据中心平均设计 PUE 为 1.50 左右,超大型、大型数据中心平均设计 PUE 分别为 1.41、1.48。

以气候和能源为主的布局指导也起到了积极的推动效果,在贵州、内蒙古等地区数据中心的新建项目产生了明显的聚集效应,让当地的数据中心相关产业实现了跨越式发展。根据 2019 年工业和信息化部在《全国数据中心应用发展指引(2018)》中公布的结论:我国数据中心布局渐趋完善,新建数据中心,尤其是大型、超大型数据中心逐渐向西部以及北上广深周边城市转移。内蒙古、河北、贵州、宁夏等能源充足、气候条件适宜地区的数据中心用机架数全国占比超过 30%。

由此可见,经过各级政府、行业组织和相关企业多年的努力,在数据中心绿色化发展方面已经取得了显著的成果。在取得成果的同时,以往的数据中心绿色化发展指引政策也面临着必须进行调整的问题。根据对 PUE 的定义可知,其下降的极限是 PUE=1,表明所有的能源都提供给了互联网技术设备,其他配套设施的能源消耗为零。众所周知,这种极限是不可能实现的,以现在的科技水平,PUE 达到 1.2—1.5 已经是实际气候条件下能够实现的极限了。而随着全国范围内数据中心整体布局的完成,除非中国的气候和能源供应分布发生重大变化,否则也没有必要进一步大规模调整布局了。

以上情况表明,以往政策对数据中心发展的引导方向已经没有了进一步推动数据中心绿色化提升的空间。在数据中心作为新基建的一种类型,需加快发展的大背景下,尽快找到新的绿色化发展政策推进方向,是当前亟待破解的难题。而从软性的技术以及制度层面进行创新则是未来绿色数据中心乃至新基建其他领域突破环保"瓶颈"的必然进路。具体而言可从以下几方面予以展开:

1. 升级互联网技术设备,提升整体能效

从绿色数据中心的评价对象中可以看出,以往的绿色化发展重点是在建筑和布局、动力和环境设施两部分,而评价对象中的互联网技术设备则一直没有被重点关注。但对于数据中心的整体能效而言,互联网技术设备能效的提升,意味着在消耗同等能源的情况下,数据中心可提供的服务能力得到了最直接的提升。同时,推动互联网技术设备的能效提升可以与以往政策结合,共同对数据中心的整体能效提升产生积极作用。

以往之所以没有在互联网技术设备能效方面出台重大推动政策,是因为将政策的执行对象局限在了商业数据中心运营单位。而这些运营单位提供的服务主要是在数据中心的动力和环境运行维护方面,对数据中心中客户使用的互联网技术设备选型采购没有控制权。因此,要推动互联网技术设备的能效提升,相关的政策执行对象需要进行调整,应指向互联网技术设备的制造商和使用方。可考虑的相关政策其实很多,如推动数据中心路由器、网关、交换机和服务器的绿色节能标准修订;鼓励相关产品的绿色认证开展;对采用绿色节能产品更新升级的项目给予补贴;推动国家相关财政政策以利于加快互联网技术设备更新换代等。由于这些政策与数据中心的规模和产权无关,故对所有数据中心整体能效的提升都将发挥作用。如果这些政策能够统一配套出台,必将对未来数据中心绿色化发展产生较大影响。

2. 以边缘技术优化未来数据中心发展模式

边缘计算是伴随着云计算、雾计算、物联网、5G、软件定义网络(SDN)、人工智能(AI)等技术而发展起来的新兴技术,近年来随着物联网和5G的发展迅速升温,是即将爆发的万亿级产业。边缘数据中心作为支撑边缘技术发展和5G边缘组网的载体,将成为未来数据的第一入口,是未来数据中心发展的重要方向。

边缘数据中心在建设布局和机房规模上与以往的大型、超大型云数据中心有非常大的差别。首先,在建设布局上,边缘数据中心为了实现其功能,空间距离上必须靠近服务对象,这就造成其不可能像大型数据中心一样选择气候和能源条件适宜的地域集中建设,而是要在人口密度较高、经济发展较快的地区分布式建设。其次,其机房规模普遍偏小,见缝插针,以往对大型数据中心的动力和环境要求将不适用。如果将大型、超大型数据中心比作纵横驰骋的高铁网络,那么边缘数据中心就是四通八达的社区小道。

根据边缘数据中心的特点,在推动其绿色化发展方向上选择的评价指标有所不同,可以考虑:在建筑和布局、动力和环境设施方面侧重于对可靠性和电气安全性的评价;在互联网技术设备要求方面侧重于对能耗、信息安全和组网架构特性的评价;在管理方面侧重于对自动化监控系统提出的要求。

3. 强化对中小型数据中心的绿色治理引导

中小型数据中心在以往的政策引导中一直处于空白地带,其原因是多方面的。首先,从数据中心的运营方看,数据中心多由各企业和机构的内设部门运营,不对外提供服务,导致外部政府无法掌握其规模和数量,内部管理范围交错,难以界定运行边际;其次,从数据中心作用看,大多数承载机构和企业的核心业务系统运行,出于商业和保密等原因,在运营成本和绿色化发展方面考虑较少,各项引导政策对其吸引力不足;最后,从管理主体的数量和布局看,其管理主体数量众多且分散,造成社会管理成本较高,政府无力对其全面严格管控。中小型数据中心虽然在管理上存在诸多的障碍,但其节能改造的潜力巨大,绿色化发展提升空间广阔,是未来数据中心发展必不可少的一环。

考虑到未来数据中心专业化发展的大趋势,建议当前中小型数据中心的绿色化发展推进总策略为:推动机构和企业内部运行的中小型数据中心向外部商业数据中心和边缘数据中心转化,从而逐步纳入政府管控范围。推动向商业数据中心转化的政策可以重点考虑采取增加供给的方式,即将数据中心确定为房地产开发配套基础设施,规划更多的本地中小型商业数据中心建设项目,从而拉动企业和机构采用外部购买替代内部建设的方式,满足其对本地数据中心的刚性需求。对于企业和机构的内部数据中心资源充裕,愿意对外开放的情况,可以出台政策,鼓励其通过签约加盟的方式纳入各类信息化网络,成为提供外部服务的边缘数据中心,以便利用针对边缘数据中心的建设要求推动其绿色化发展。

此外,随着各行各业对信息化技术的依赖程度越来越高,各类业务系统越来越复杂,对承载其运行的各类新基建设施维护技术水平要求不断提高,企业内部在相关专业人才队伍建设和技术水平提升方面将逐步呈现难以满足要求的局面,将部分业务系统委托给外部商业数据中心进行运行维护的情况会越来越多,这是社会化发展导致的不可逆转的专业化分工大趋势。因此,在进行数据绿色治理的同时,国家亦应当顺势出台相应的引导政策,强化专业人才队伍的培养,保障数据设施的平稳运行。

依托绿色数据中心的建设过程,不难发现,除去技术层面,国家政策始终发挥着关键引领作用。2020 年 8 月 6 日,《工业和信息化部办公厅　发展改

革委办公厅　商务部办公厅　国管局办公室　银保监会办公厅　能源局综合司关于组织开展国家绿色数据中心（2020 年）推荐工作的通知》指出，要求各地依据《绿色数据中心评价指标体系》，在生产制造、电信、互联网、公共机构、能源、金融、电子商务等数据中心重点应用领域，选择一批能效水平高、技术先进、管理完善、代表性强的数据中心进行推荐。工业和信息化部将会同相关部门组织专家对申报材料进行审查，必要时可进行现场抽查，研究确定 2020 年度国家绿色数据中心名单，按程序向社会发布。

对于国家绿色数据中心的评价要求，参评的数据中心，除了基本的要求之外，申报企业十分罕见地需要进行自评价和第三方评价，步骤为：首先，各数据中心对照《绿色数据中心评价指标体系》进行自评价，填写自评价报告；其次，达到绿色数据中心标准后，委托符合条件的第三方评价机构开展现场评价，形成第三方评价报告；最后，自评价和第三方评价完成后，按相关要求和程序向所在地省级工业和信息化主管部门提交申报材料。仔细观察《绿色数据中心评价指标体系》，该文件由能源资源使用情况、绿色设计及绿色采购、能源资源使用管理、设备绿色管理和加分项五个方面、17 个指标项组成。其中，PUE、IT 设备负荷使用率、可再生能源电量、水资源使用率等关键测评方面均参考 YD/T 2543—2013《电信互联网数据中心（IDC）的能耗测评方法》。该标准为工信部于 2013 年发布的数据中心系列标准文件之一，此标准由中国信通院（云计算与大数据研究所）联合中国移动、中国联通、中国电信、华为、中兴、百度、腾讯、阿里巴巴等众多单位起草完成。在具体的四项数据中心通信行业标准，即 YD/T 2441—2013、YD/T 2442—2013、YD/T 2542—2013、YD/T 2543—2013 中，对数据中心的技术要求、分级分类以及能耗测评方法、绿色数据中心评价等进行了详细的规范，开创了数据中心在通信行业标准领域的先河。在此基础上，工信部、发改委等国家部委和北京市、上海市等地方政府出台了一系列数据中心政策和措施，在引导数据中心产业有序合理发展方面，起到了显著效果，除国家层面的《绿色数据中心评价指标体系》以外，各省市出台的绿色数据中心政策要求具体如下：

上海市经信委、市发改委颁布的《关于加强本市互联网数据中心统筹建设的指导意见》，新建互联网数据中心 PUE 值严格控制在 1.3 以下，改建互联网数据中心 PUE 值严格控制在 1.4 以下。

杭州市经信局、杭州市发改委联合发布的《关于杭州市数据中心优化布局建设的意见》中的目标为,至 2025 年数据中心普遍达到三星级以上标准,新建数据中心 PUE 值不高于 1.4,改造后的数据中心 PUE 值不高于 1.6。

山东省政府印发的《关于山东省数字基础设施建设的指导意见》中,要求自 2020 年起,新建数据中心 PUE 值原则上不高于 1.3,到 2022 年年底,存量改造数据中心 PUE 值不高于 1.4。

通过对比以上全国和部分省市的指标限制,未来新基建的总体趋势将是在严守绿色环保指标基础上开展工程建设、技术创新与政策配套三者相结合。绿色治理的内涵与要求将全周期地贯穿于新基建项目始终。

第五章　新基建与数据跨境流动治理法治化

第一节　数据跨境流动概述

一、数据跨境流动的内涵及发展

(一)数据跨境流动的内涵

数据跨境流动(Transborder Data Flow 或 Cross-border Data Flow)的概念始于 1980 年经济合作与发展组织(Organization for Economic Co-operation and Development,OECD)制定的《关于保护隐私和个人数据跨境流动指南》,该文件中采取了较为狭义的定义,专指个人数据跨境(Transborder Flows of Personal Data),并将其定义为个人数据跨越国境的运动,个人数据则界定为可以识别(Identified)个人或具有识别个人可能性(Identifiable)的数据。[①] 1982 年联合国跨国公司中心则将数据跨境流动定义为"跨越国界对存储在计算机中的机器可读的数据进行处理、存储和检索"[②],相较于经济合作与发展组织的界定,此时已经将数据范围扩大,并细化了数据跨境流动的具体行为。由此,数据跨境流动必然包含两层含义:一是数据进行了跨越国界的移动,二是在当今信息技术和经贸往来的背景下,数据的范围已经不仅仅局限于个人数据,而是包含更广泛意义上的公共数据或企业数据。

[①]　"OECD Guidelines on the Protection of Privacy and Transborder Flows of Personal Data", 1980,https://www.oecd.org/internet/ieconomy/oecdguide lines on the protection of privacy and trans-border flows of personal data. htm, Revised in 2013;"Transborder Flows of Personal Data", Means Movements of Personal Data across National Borders.

[②]　"数据跨境流动政策认知与建议——关于讨论前提的两点澄清",威科先行,见 http://lawv3.wkinfo.com.cn/topic/61000000560/1.HTML。

（二）数据跨境流动的发展

数据跨境流动过程相对复杂，因而对其治理也面临诸多挑战。首先，数据资源成为世界各主要国家和地区的"必争之地"。数据跨境行为事实上时时刻刻在发生，从前并未加以过多重视，从经济合作与发展组织等出台的文件也可以窥见一斑，以往数据跨境流动的重点关注在于对个人隐私的保护。然而，伴随着当今数字经济的迅猛发展，数据的战略地位不断提升，相关研究显示在2009 年至2018 年十年间，"全球数据跨境流动对全球经济增长贡献度高达10.1%，其中，2014 年数据跨境流动对全球经济增长的价值贡献超过2.8 万亿美元，预计2025 年有望突破11 万亿美元"。① 因此，世界各国家和地区都对数据资源有着极高的重视程度，面临数据跨境流动问题时的处理方式也格外谨慎。

其次，数据跨境流动必然面临国家主权之间的冲突，互联网突破了地理疆界的限制，模糊了国际法上传统的以领土边界划分国家主权范围的模式，一旦出现纠纷涉及的往往是两个国家之间的利益，最具代表性的是2013 年的"棱镜门"事件，在美国政府实施的秘密监控行动中，谷歌、微软以及苹果等九家互联网巨头企业牵涉其中，一国政府监控项目掣肘跨国企业所收集到的国际用户的数据，此种行为早就突破了国家主权的范畴因而侵害了别国公民乃至国家整体的利益，引起国际社会的极大重视，自这一事件之后，对于数据主权问题的讨论也逐渐兴起。

最后，数字信息技术的复杂性对治理手段提出了更高的要求。以云计算技术为例，"企业上云"同样也是我国新基建战略推进的重要组成部分之一，为了节约储存空间、提高存储以及提取效率，云计算技术在新基建当中的广泛应用不难预见。但是，云计算技术同时也将数据所有权与控制权分割开来，云存储技术将数据储存和处理的地点迁移到了远端的互联网服务器集群，囿于一国国内存储硬件有限，企业的服务器集群很可能设置在其他国家。② 由此数据来源国是否对储存在境外的数据具有同等的管辖权，数据存储国能否随意调取本国领土内的数据，企业对数据的控制权的限度如何，这些都是新技术为数据跨境流动带来的新命题。

---

① 张茉楠：《跨境数据流动：全球态势与中国对策》，澎湃新闻网，2020 年5 月10 日。
② 张莉：《数据治理与数据安全》，人民邮电出版社2019 年版，第133—134 页。

二、我国数据跨境流动治理实践及研究现状

（一）法律规范及相关文件梳理

1. 顶层立法及文件梳理

2016 年《中华人民共和国网络安全法》出台，第三十七条规定关键信息基础设施的运营者在中华人民共和国境内运营中收集和产生的个人信息和重要数据应当在境内存储，此条款首次明确了我国采取数据本地化存储的原则。

2017 年 12 月 29 日，全国信息安全标准化技术委员会发布《信息安全技术　个人信息安全规范》（GB/T 35273—2017），其中对个人信息、个人敏感信息等进行了分类，对信息的收集、共享、公开披露等行为进行了界定，并提出去标识化、明示同意等在个人信息使用过程中应当注意的问题，本标准的颁布为个人信息（数据）分级分类管理制度的构建奠定了基础。

2021 年 6 月 10 日，《中华人民共和国数据安全法》发布，第三十六条规定，中华人民共和国主管机关根据有关法律和中华人民共和国缔结或者参加的国际条约、协定，或者按照平等互惠原则，处理外国司法或者执法机构关于提供数据的请求。非经中华人民共和国主管机关批准，境内的组织、个人不得向外国司法或者执法机构提供存储于中华人民共和国境内的数据。有学者指出，结合《国际刑事司法协助法》第四条来看①，本条本质上在于应对其他国家和地区所采取的长臂管辖策略。②

总体上看，我国数据跨境流动的相关规则体系的建立正在有序推进，但是仍然存在以下几方面问题：第一，数据与个人信息概念混同，两者未能进行有效区分，但是在实践当中两者存在交叉，分别立法的情况可能导致使用不明；第二，分级分类制度的构建仍不够深入，数据的应用场景呈现越发多样化趋势，当前分级分类方式不能适应现实需求；第三，各项立法及标准的制定较为缓慢，需要加快规范制定的节奏。

---

① 《国际刑事司法协助法》第四条规定，国际刑事司法协助不得损害中华人民共和国的主权、安全和社会公共利益，不得违反中华人民共和国法律的基本原则。非经中华人民共和国主管机关同意，外国机构、组织和个人不得在中华人民共和国境内进行本法规定的刑事诉讼活动，中华人民共和国境内的机构、组织和个人不得向外国提供证据材料和本法规定的协助。

② 洪延青：《对〈数据安全法〉的理解和认识｜中国版的封阻法令》，载网安寻路人，见 https://mp.weixin.qq.com/s/yWyrdIrz-KGxmltFoqHFiQ。

2. 自由贸易试验区(港)规划方案梳理

当前数据跨境流动的相关地方立法主要集中于各自由贸易试验区(港)的相关文件中,借助当前我国已经建成的自由贸易试验区来探索数据跨境流动的建设是切实可行并且行之有效的。因自由贸易试验区往往具有制度优势,又是设立在我国境内,因此可以以自由贸易试验区作为试点,尝试在小范围内建立和完善数据跨境流动体系,测试在国际数字贸易往来中何种方式更有利于我国跨境数据流动制度的建立。

此外,近年来设立的各自由贸易区(港)的实施方案中也特别规定了促进数据跨境流动的内容(见表5-1)。

表5-1　各自由贸易区(港)的实施方案及其促进数据跨境流动的相关内容

自由贸易区(港)的实施方案	发布时间	具体内容
中国(上海)自由贸易试验区临港新片区总体方案	2019年7月27日	实施国际互联网数据跨境安全有序流动。建设完备的国际通信设施,加快5G、IPV6、云计算、物联网、车联网等新一代信息基础设施建设,提升新片区内宽带接入能力、网络服务质量和应用水平,构建安全便利的国际互联网数据专用通道。支持新片区聚焦集成电路、人工智能、生物医药、总部经济等关键领域,试点开展数据跨境流动的安全评估,建立数据保护能力认证、数据流通备份审查、跨境数据流通和交易风险评估等数据安全管理机制。开展国际合作规则试点,加大对专利、版权、企业商业秘密等权利及数据的保护力度,主动参与引领全球数字经济交流合作
海南自由贸易港建设总体方案	2020年6月1日	便利数据流动。在国家数据跨境传输安全管理制度框架下,开展数据跨境传输安全管理试点,探索形成既能便利数据流动又能保障安全的机制。 网络安全和数据安全风险防控。深入贯彻实施网络安全等级保护制度,重点保障关键信息基础设施和数据安全,健全网络安全保障体系,提升海南自由贸易港建设相关的网络安全保障能力和水平。建立健全数据出境安全管理制度体系。健全数据流动风险管控措施。 2035年前重点任务第六项:实现数据安全有序流动。创新数据出境安全的制度设计,探索更加便利的个人信息安全出境评估办法。开展个人信息入境制度性对接,探索加入区域性国际数据跨境流动制度安排,提升数据传输便利性。积极参与跨境数据流动国际规则制定,建立数据确权、数据交易、数据安全和区块链金融的标准和规则

自由贸易区（港）的实施方案	发布时间	具体内容
中国（北京）自由贸易试验区总体方案	2020年8月30日	增强数字贸易国际竞争力。对标国际先进水平,探索符合国情的数字贸易发展规则,加强跨境数据保护规制合作,促进数字证书和电子签名的国际互认。探索制定信息技术安全、数据隐私保护、跨境数据流动等重点领域规则。探索创制数据确权、数据资产、数据服务等交易标准及数据交易流通的定价、结算、质量认证等服务体系,规范交易行为。探索开展数字贸易统计监测。 鼓励发展数字经济新业态新模式。加快新一代信息基础设施建设,探索构建安全便利的国际互联网数据专用通道。应用区块链等数字技术系统规范跨境贸易、法律合规、技术标准的实施,保障跨境贸易多边合作的无纸化、动态化、标准化。依托区块链技术应用,整合高精尖制造业企业信息和信用数据,打造高效便捷的通关模式。探索建立允许相关机构在可控范围内对新产品、新业务进行测试的监管机制。 探索建设国际信息产业和数字贸易港。在风险可控的前提下,在软件实名认证、数据产地标签识别、数据产品进出口等方面先行先试。建设数字版权交易平台,带动知识产权保护、知识产权融资业务发展。对软件和互联网服务贸易进行高效、便利的数字进出口检验。积极探索针对企业数据保护能力的第三方认证机制。探索建立适应海外客户需求的网站备案制度
中国（浙江）自由贸易试验区扩展区域方案	2020年8月30日	在国家数据跨境传输安全管理制度框架下,试点开展数据跨境流动安全评估,探索建立数据保护能力认证、数据流动备份审查、跨境数据流动和交易风险评估等数据安全管理机制

总的来说,当前各自贸区（港）的发展集中于以下几方面:首先,完善基础设施建设,为推动数据跨境流动奠定物理基础;其次,尝试开展数据跨境流动安全评估,建立数据保护能力认证制度等;最后,积极参与到国际数据交流活动中,建立试点,探索国际合作路径。

3. 当前签订的国际协定梳理

2020年《区域全面经济伙伴关系协定》（RCEP）正式签署,第五章第十五条规定了通过电子方式跨境传输信息的相关操作事项;在第十二章电子商务中,制定了跨境传输数据规则,并限制成员国政府对数字贸易施加各种阻碍,包括数据本地化等。RCEP虽然展示出了搭建数据跨境传输的意向,但是具体内容中仍然采取了礼让性规定方式,表示需要尊重缔约方各自的监管要求以及公共政策等。

随后,在 2020 年 11 月 20 日举办的亚太经合组织第二十七次领导人非正式会议上,习近平总书记表示,将考虑加入全面与进步跨太平洋伙伴关系协定(CPTPP)。该协议前身是跨太平洋伙伴关系协定(TPP),于 2015 年 10 月由美国、加拿大及日本等国签署,但是 2017 年特朗普政府宣布退出,该协定在 2018 年经过修改,保留原有 95% 的项目后由成员国重新签署,并更名为全面与进步跨太平洋伙伴关系协定。该协定针对互联网规则和数字经济设定了较高标准,规定的内容较为全面,其中也涉及了数据跨境流动与数据本地化措施等问题。①

(二)学术研究综述

当前,学界对于数据跨境流动制度的研究正在不断深入,研究的主要内容多是集中于对域外制度的梳理,尤其是对欧盟《通用数据保护条例》以及美国 CLOUD 法案的解读成为研究重点,这两项条例(法案)也为国际数据跨境流动规则的构建奠定了基调,即使各个国家和地区都在陆续出台自身的规则,但是数据本地化、数据隐私保护以及长臂管辖三项标准已经基本成为数据跨境流动制度构建的基调。我国和印度当前均采取数据本地化措施,即原则上数据需要在本国进行储存,印度的规定则更为严格,要求数据的处理也需要在印度境内进行。采取数据隐私保护的代表是欧盟,欧盟对数据及个人隐私保护都采取了极高标准。美国则一直致力于推动数据跨境流动,但是其重点在于实现对本国企业在境外储存数据的调取,即实现长臂管辖。

在对数据跨境流动的研究中,主要涉及以下几方面问题:第一,数据主权与国家主权的保护,这一主题是提及数据跨境流动不可回避的首要问题,讨论主要集中于网络空间是否为国家主权的延续,国家主权的边界在何处,落脚到数据跨境传输当中则主要是探讨对境外数据的调取是否会对别国主权造成侵犯。第二,数据安全与数据跨境流动的平衡,在各个国家和地区的立法实践当

---

① 腾讯研究院:《规则的激荡与新生——2020 年数据治理年度报告》2021 年 3 月 2 日。

中,数据安全的考量是重中之重,无论是公民个人信息的安全还是国家安全,在保障数据安全的前提下进行数据跨境传输基本上已经达成共识。第三,对境外数据跨境流动制度的应对措施及我国规则的构建,有学者将中外的数据跨境流动制度概括为三个层面:一是审核批准制度,该类制度往往经由主体同意及数据本地化与分级管理两种方法实施;二是在实施机制方面,包括合同形式、非合同形式以及组织内部保障措施;三是在问责制度方面主要包含处罚权和裁量权两个方面,除罚没决定外,通常以年度报告、评估机制等进行考核①。我国国内的制度体系可以考虑从以上三个层面进行完善。此外,在国际层面上学者主张积极参与到国际数据跨境流动体系的构建中去,推进双边或多边协议的制定,进一步掌握国际话语权。

总体上看,当前研究仍是集中于对境外制度的研究及解读,或是停留在顶层设计的谋划层面,但从我国实践来看,尤其是随着跨境电商以及手机应用出海等涉及数据跨境流动的场景呈现爆炸式增长,还需要对如何因应我国现实需要,建立规则体系进行进一步研判,尤其是针对跨国公司的合规问题进一步加强研究。

三、新基建对数据跨境流动的治理要求

（一）新基建与数据跨境流动的关系

区别于数据权属、绿色治理、竞争治理以及安全保障等问题,数据跨境流动是新基建的持续推进的高阶活动和必然选择。换言之,真正实现跨境数据资源的交流、获取跨境数据的红利、打破跨境数据的屏障需要新基建先行。2020年世界经济论坛与巴林经济发展委员会等机构共同设计了跨境数据流动路线图,指出数据跨境流动应当优先考虑连接性、技术互操作性等问题。②

---

① 项丽玲、张佳彧:《中外跨境数据流动的法律监管制度研究》,《情报理论与实践》2021年第4期。
② 对外经济贸易大学金融科技实验室:《世界经济论坛:跨境数据流动路线图》,数字经济与社会,见 https://mp.weixin.qq.com/s/xfycWbU_m7zdd2ffrXTHbg。

首先,建议各国优先完成连通性基础设施建设①:第一,进行统一频段等工作,尽量消除境内外传输速度的差异,提升效率。其中,专门提到选择软件即服务(SaaS)方案,这是一种高阶的云计算服务模式,当前我国大部分企业尚处于运用比较基础的基础设施即服务(IaaS)模式的阶段,相较于软件即服务(SaaS)模式在处理速度、使用便携性等方面均存在较大的差距。而美国云计算市场相对发达,软件即服务技术已经得到较为广泛的应用,截至2018年,美国企业上云率已经达到85%以上。② 可见在信息技术等基础设施的建设上我国的脚步有待加快。第二,为了实现超高速连接,还需要着重提高5G和高性能计算,这类技术是实现大规模跨境数据实时处理的基础。路线图中还强调,5G网络在工业物联网中也有着强大的作用,既可以作为本地网络,也可以跨国适用,因此建议各国政府以促进本地和跨境边缘计算为契机,增强大规模计算能力,这与我国新基建的目标不谋而合。

其次,加强技术的互操作性。路线图指出,无论是算法还是人工智能技术,其数据集价值最大化的实现离不开信息统一化、标准化,并需要存储在结构化的数据库中③,这一目标的达成需要技术层面互操作性的增强。以往数据在各国的储存方式均是分离的、割裂的,并没有将数据结构化,由此很难跨越数据库使用这些数据,在技术上遗留较大的难点。然而,以数据密集型为导向的第四次工业革命对数据的跨界集合有着较高的要求,物联网、工业互联网等技术的推广与纵深发展需要综合各个领域的海量数据,实现数据交互的贯通,着眼于国际数字经济的发展更加呼唤此类技术互操作性的更新,因此跨境数据流动路线图建议各国政府鼓励对本国企业设立国际上较为普遍的数据技术标准,推广数据的标准化以及结构化存储。

---

① "A Roadmap for Cross-Border Data Flows:Future-Proofing Readiness and Cooperation in the New Data Economy",The World Economic Forum,2020.

② 徐宪平主编:《新基建:数字时代的新结构性力量》,人民出版社2020年版,第114—119页。

③ 对外经济贸易大学金融科技实验室:《世界经济论坛:跨境数据流动路线图》,数字经济与社会,见 https://mp.weixin.qq.com/s/xfycWbU_m7zdd2ffrXTHbg。

在新基建下各项技术和基础设施逐步完善的基础上,数据跨境流动将反哺新基建的持续发展。数据是新基建的底层燃料,新基建战略的持续发展以及"双循环"经济模式的深入推进必然要求更广阔范围内的数据资源。在新基建的各项基础设施逐步建设完善的过程中,数据跨境流动的传输活动也在增强,在数据传输数量、传输速度、传输质量都得到显著提高的同时,数据供给与新基建将互相促进形成正向循环,新基建与数据跨境流动的深刻交互将成为推动新基建持续发展的强大动能。

(二)数据跨境流动与新基建具体领域结合

2020 年 4 月 20 日,国家发展和改革委员会首次明确新基建范围为三个方面,分别是信息基础设施、融合基础设施以及创新基础设施。涉及数据跨境流动问题,信息基础设施的建设和完善是基础,融合基础设施领域的运用是目的,创新基础设施的产研结合是根本。其中,信息基础设施包括以 5G 网络为代表的通信网络基础设施,以及以云计算、人工智能为代表的新技术基础设施等。以下结合数据跨境流动对于新基建具体领域及场景的应用进行分析。

1. 加快 5G 网络建设:提升数据传输速度及传输质量

2020 年 3 月 24 日,工信部发布《工业和信息化部关于推动 5G 加快发展的通知》,要求加快 5G 网络建设进度,其中特别指出要丰富 5G 技术应用场景,也即要推进"5G+"的相关项目,例如新型消费、医疗健康、工业互联网、车联网等,构建 5G 应用生态系统。其中着重强调强化 5G 网络数据安全保护,着重围绕 5G 各类典型技术和车联网、工业互联网等典型应用场景,健全完善数据安全管理制度与标准规范。建立 5G 典型场景数据安全风险动态评估评测机制,强化评估结果运用等。

5G 以及高性能(HPC)计算是新基建以及促进数据流动的重要步骤。这一技术构建与提升的关键在于设置统一标准,促进数据流通,即"当所有参与者都在最低的连接水平上运行时,通过消除国内和跨境连接速度瓶颈,可以为行业提供支持"。同时,还应当以鼓励私有网络投资的形式降低互联互通的成本,当大规模的网络基础设施得以部署,以及各国家和地区的数据共享能力显著提升后,规模经济也会增强数据跨境传输的效率,以此实现新基建与数据跨境流动的相互促进。[①]

2. 升级云计算技术:推广企业上云,增强数据实时处理

云计算已经被正式确认纳入新基建范围当中,数据显示,2020 年到 2022 年,70% 的企业会采用混合云、多云的架构,并且需要有一致性的跨云体验,因为 5G、物联网技术的采用,50% 的应用会位于边缘计算;预计到 2023 年,90% 的企业新的应用会通过云原生的方式部署。正是因为在新基建的推动下,更多的新业态及新应用场景将会涌现,由此对云计算提出了新要求。[②]

云计算对数据跨境流动有深远影响,在云存储状态下,用户数据所有权与数据控制权分离,因此对数据的控制权真正掌握在云存储服务的服务商手中;此外,云物理位置呈现分散性特征,云存储、云计算等技术中对数据流动性的要求也使得国内数据的定义更加模糊,云技术的发展为数据主权的界定带来了一定的挑战。[③]

3. 完善大数据中心建设:推进数据标准化、结构化存储

"无数据不存储,无数据不计算,无数据不真相",数据显示,目前只有不到 2% 的企业数据被储存下来,其中只有 10% 被用于数据分析,我国数据储存利用能力存在较大缺口,因此大数据中心的建设需求紧迫。[④] 近年来,国家和地方层面也针对新基建发展的需求开展了大数据中心建设的相关规划,尤其是在地方性文件中,已经将工作计划细化至数据中心的建设,为实现数据跨境传输做好铺垫,例如,《粤港澳大湾区发展规划纲要》中提出建设粤港澳大湾区大数据中心,在《中共中央　国务院关于支持深圳建设中国特色社会主义先行示范区的意见》中表明国家支持深圳建设粤港澳大湾区大数据中心。

---

①　对外经济贸易大学金融科技实验室:《世界经济论坛:跨境数据流动路线图》,数字经济与社会,见 https://mp.weixin.qq.com/s/xfycWbU_m7zdd2ffrXTHbg。

②　《新基建下云计算赋能"新意义"》,新华网,2020 年 7 月 10 日。

③　张莉主编:《数据治理与数据安全》,人民邮电出版社 2019 年版,第 132—134 页。

④　孙会峰:《大数据中心将成为国家竞争力新内涵》,中国电子信息产业发展研究院,2020 年 3 月 25 日。

借助新基建的建设机遇,大数据中心可谓信息基础设施建设,乃至数字经济发展的底座,其建设重点目标在于提供高性能计算平台、高安全性的储存空间以此推动数据流动。大数据中心同时可以为其他技术提供交互、融合的场所,例如 5G、云计算及区块链等。与此同时,大数据中心的发展与升级也离不开海量数据的交换与流动,因此大数据中心与数据跨境流动相辅相成、联系紧密,需共同发展。[1]

4. 优化人工智能技术:运用数据"反哺",赋能实体经济

2017 年 7 月,国务院发布《新一代人工智能发展规划》,其中提出三步战略规划:到 2020 年我国人工智能总体技术和应用与世界先进水平同步,人工智能产业成为新的重要经济增长点;到 2025 年人工智能基础理论应当实现重大突破,新一代人工智能在智能制造、智能医疗、智慧城市、智能农业、国防建设等领域得到广泛应用,人工智能核心产业规模超过 4000 亿元,带动相关产业规模超过 5 万亿元;到 2030 年人工智能理论、技术与应用总体达到世界领先水平。在 2021 年发布的《中华人民共和国国民经济和社会发展第十四个五年规划和 2035 年远景目标纲要》中"人工智能"被提及六次,成为科技强国战略的重要发展方向。

数据的开放和共享是助推人工智能产业发展和技术应用的基础,实践中发现,信息不对称、供需不匹配以及对人的依赖度高,仍然是跨境数据合作的核心痛点[2],跨国企业等主体应当因应数据跨境与人工智能的双重需求,提高匹配度和精准度。新基建的推进将为人工智能做好硬件保障,主要方向是信息基础设施的建设以及对传统基础设施的升级改造,人工智能技术发展的重要基础也有赖于数据的公开共享以及自由流通,人工智能与数据跨境流动的紧密结合是促进两者发展的重要着力方向。[3]

---

① 徐宪平主编:《新基建:数字时代的新结构性力量》,人民出版社 2020 年版,第 97—111 页。

② 高涵:《大数据+人工智能,"Entry Square"要做中欧跨境业务的一站式解决方案提供商》,高涵@超人学院,2018 年 10 月 11 日。

③ 《人工智能:新基建,迎接智能新时代》,新华网,2020 年 4 月 30 日。

第二节　现阶段我国数据跨境流动面临的法治挑战

一、新基建下推进我国数据跨境流动面临难题

（一）新基建迫切需要双循环发展格局的建立

当前观点普遍认为，新基建是双循环发展格局的主要抓手之一。在党中央提出加快形成以国内大循环为主体、国内国际"双循环"相互促进的新发展格局的背景下，"新基建"已成为国家接下来的重点发力方向。在国际政治局势复杂、国内经济发展需求迫切、疫情全球大流行等多重因素叠加的挑战之下，"新基建"成为"双循环"发力的重要方向之一。但是如何将新基建与双循环发展格局的建立进行有机链接是当前需要面对的问题。

在《中华人民共和国国民经济和社会发展第十四个五年规划和2035年远景目标纲要》中，新基建、双循环发展格局以及加快数字中国的建设构成了未来五年发展的重要面向。首先，在第三篇中强调要围绕强化数字转型、智能升级、融合创新支撑，布局建设信息基础设施、融合基础设施、创新基础设施等方面，加快建设新型基础设施。其次，在第四篇双循环发展格局的具体指引中，指出在推动进出口协同发展的过程中要创新发展服务贸易，推进服务贸易创新发展试点开放平台建设，提升贸易数字化水平。最后，更是利用第五篇专门对加快数字化发展、建设数字中国的相关工作进行了部署。其中，第十八章第四节指出，要推动构建网络空间命运共同体，大力推动网络空间的国际交流与合作，共同参与制定数字和网络空间国际规则，此外，还要积极参与数据安全、数字货币、数字税等国际规则和数字技术标准制定，在整体安全观的指引下推动全球网络安全保障合作机制建设，构建保护数据要素、处置网络安全事件、打击网络犯罪的国际协调合作机制等。

基于《中华人民共和国国民经济和社会发展第十四个五年规划和2035年远景目标纲要》中提出的以上要求，数据跨境流动成为担负境内企业"走出去"、境外企业"引进来"的重要突破口和渠道，数字经济时代数据先行，要充分发挥数据这一基础要素的带动作用，并将数据作为纽带，串联起新基建、双

循环发展格局的建设要求,沟通境内与境外的贸易往来。

(二)总体国家安全观下统筹发展与安全理念的平衡

2014 年 4 月 15 日,习近平主席在主持召开中央国家安全委员会第一次会议时提出,要准确把握国家安全形势变化新特点新趋势,坚持总体国家安全观,走出一条中国特色国家安全道路,这是总体国家安全观的首次提出。2018 年 4 月 17 日,习近平主席在主持召开十九届中央国家安全委员会第一次会议时指出,国家安全工作要适应新时代新要求,一手抓当前、一手谋长远,切实做好维护政治安全、健全国家安全制度体系、完善国家安全战略和政策、强化国家安全能力建设、防控重大风险、加强法治保障、增强国家安全意识等方面工作。党的十九届五中全会中再次强调要统筹发展和安全,建设更高水平的平安中国。"十四五"规划更是将坚持系统观念作为必须遵循的原则之一,尤其强调统筹国内国际两个大局,办好发展安全两件大事。

"十四五"规划中强调,在加快数字化发展的过程中,需要"保障国家数据安全,加强个人信息保护""积极参与数字领域国际规则和标准制定"。发展是我们党执政兴国的第一要务,国家安全是安邦定国的重要基石[1],当前我国正处于经济转型的关键时期,谋求发展是解决国内外问题的推动力。与此同时,需要增强底线意识,将总体国家安全观贯穿于发展的方方面面。因此,在建立和完善数据跨境流动的进程中,应当牢牢把握数据安全和个人信息保护的底线,捍卫国家主权及数据主权,保护我国企业在国际贸易往来中的合法利益,在此基础上顺应我国发展需求,积极参与和推动国家数据跨境流动体系的建立。

二、域外封禁行为频发暴露企业合规及国际话语权不足

(一)我国企业海外发展亟待国家增强支持

近年来,我国应用程序开始向海外市场进行扩张,并获得海外用户的广泛青睐,以抖音海外版 TikTok 为例,数据显示,2020 年第一季度,抖音及海外版 TikTok 在全球苹果应用程序商店(App Store)和谷歌市场(Google Play)共获

---

[1]　周叶中:《统筹好发展和安全两件大事》,《人民日报》2020 年 11 月 20 日。

得 3.15 亿次下载,是全球下载量最高的移动应用,印度位列下载量之首,贡献了 6.11 亿次下载,占全球总下载量的 30.3%;中国市场贡献了 1.96 亿次下载,占全球的 9.7%,美国市场排名第三,贡献了 1.65 亿次下载,占 8.2%。[①] 由此也引发了一系列境外政府封禁我国应用程序的事件。

2020 年 7 月,美国众议院通过"禁止在政府设备上使用 TikTok 法案"(No TikTok on Government Devices Act),本法案主要针对中国科技企业字节跳动(ByteDance)旗下的应用程序 TikTok,作为《国防授权法》修正案的部分内容,禁止包括美国政府官员、国会议员等联邦雇员在内的人群使用 TikTok。虽然在 2021 年拜登政府撤销了特朗普政府针对 TikTok 和微信发布的禁令,但是美方仍作出了新的调查指令。2020 年,印度电子和信息技术部发布公告,将以"影响安全为由"在 2021 年 6 月永久禁止 59 款手机应用程序在印度市场使用,虽然公告没有明确表明是针对中国企业,但是此次名单中的绝大多数应用程序都是由中国企业开发,其中包括 TikTok、微信以及微博等。印度政府称本次行动是基于国家安全考虑,遭到禁用的企业是由于其在数据手机方面未能合规。[②] 2020 年 7 月,澳大利亚总理斯科特·莫里森表示,澳大利亚政府正在密切监控 TikTok,此前就有澳大利亚联邦议员表示由于对 TikTok 会将收集到的数据储存在中国的服务器上并规避审查,他们考虑对 TikTok 开启调查程序,甚至考虑禁用。[③]

随着我国应用程序的"出海"发展,触及境外诸多国家本国企业的利益,各国家的地区出于自身安全以及经济发展的考量将会对我国企业提出更多的要求,但是考虑到合规成本以及长期的业务拓展等方面,在我国企业做好合规工作的同时,国家层面也需要积极推动国际数据跨境流动规则的制定,参与到规则构建的协商与谈判中去,掌握话语权,保障我国企业利益。

---

① 《抖音及海外版 TikTok 全球下载量突破 20 亿次》,载微信公众号:SensorTower,见 https://mp.weixin.qq.com/s/VpQz9IHlYtmJVIi0XWjG5Q。

② 陈霞昌:《突发! 印度封禁 59 款 APP,腾讯和头条最受伤,微信、TikTok 等均在列,来看发生了什么》,证券时报网,2020 年 6 月 30 日。

③ 刘程辉:《以安全威胁为由,澳大利亚议员称将推动针对 TikTok 调查》,观察者网,2020 年 7 月 6 日。

（二）企业自身数据跨境流动合规能力有待提升

未来在中国企业"走出去"以及国外企业"引进来"的过程中，数据跨境流动有效降低了跨国企业贸易和交易的成本，更有利于企业在数据传回之后对境外市场情况进行深入分析，从而不断优化和提升自身服务质量，在此过程中，数据跨境传输的合规将是需要攻克的重点问题。跨国企业作为国际贸易的参与者，必然会面临大量数据跨境流动方面的难题，而这些问题通常涉及境内及境外两个方面。换言之，诸多企业当前都存在"双向合规"困难的现象，其具体问题体现在缺乏规范的数据跨境传输体系构建，企业内部专门性风险管理机构不明等方面。①

在境外数据合规方面，不同国家和地区立法及规则存在较大差异，即使是严格实行《通用数据保护条例》的欧盟，其成员国针对数据跨境流动的立法态度也不尽相同，因此这无疑中加大了跨国企业合规的难度与成本。此外，各国针对个人信息及数据保护的行政监管及诉讼程序也是跨国企业需要注意的方面。

在境内数据合规方面，我国在对国外企业"引进来"方面仍需加紧制度的制定和完善。当前我国立法中关于数据跨境流动的立法数量少且较为分散，《中华人民共和国网络安全法》确立了数据本地化原则，但是具体操作规则及程序尚未明确。② 数据本地化原则实际上对跨国企业提出了较高的要求，在越来越多企业渴望进入我国从事商业活动的情况下，亟待对数据本地化的操作方式进行细化规定，以为境外企业提供具有确定性的参考标准，打消其疑虑。在我国国家安全观的指引下，数据跨境流动也需遵循安全第一的要务，如何在保障国家安全的情况下高效、合理引导境外企业数据合规仍然需要进一步探索。

三、数据跨境流动与实现数据主权、人权及治权的冲突

（一）数据跨境流动与数据主权

数据跨境流动所引发的数据主权问题在近年来成为国际交往中的关

---

① 许多奇：《论跨境数据流动规制企业双向合规的法治保障》，《东方法学》2020 年第 2 期。
② 许多奇：《论跨境数据流动规制企业双向合规的法治保障》，《东方法学》2020 年第 2 期。

注焦点。数据主权的概念还要追溯到国际法上的国家主权,国家主权一般指以地理疆界为限,一国对其主权领土享有对内的最高管辖权及对外的独立自主权。互联网的出现打破了物理边界的限制,网络主权的概念由此诞生,有观点认为网络主权应当延续传统意义上的国家主权,重视主权的边界性;也有观点认为网络成为全新的疆域,应当是脱离国家主权的"自由之地"。随着数字数据技术的迅猛发展,被誉为21世纪"石油"的数据成为各国发展战略中的重要关注点,由于数据跨境流动不断加强,各国之间涉及数据的冲突也不断凸显,相应地,也由网络主权论衍生出数据主权这一概念。

网络主权理论在数据主权中体现为规制本国数据跨境流动的不同态度,推崇传统主权理论的国家往往采取数据本地化的措施,典型代表是印度,其要求所有企业均在本国设立服务器,同时禁止本国数据的跨境流动。另一种做法则是在维护本国数据安全的基础上推动一定区域内的数据流动,典型代表是欧盟,欧盟对于数据跨境流动制度的谋划已久,长期以来致力于积极推进本地区内部的数据流通,与此同时,囿于欧盟缺乏互联网巨头企业的弊端,欧盟在实质上更加渴望数据流通到本地区以充盈其数据资源。欧盟一直力求在数据保护与数据跨境流动之间寻求平衡,但是事实证明过于严格的数据保护条例有悖于资本逐利的本质,对于数据高水平的保护无疑增加了企业的运营成本,因此继《通用数据保护条例》实施两年多以来其效果不甚理想,反而使诸多企业望而却步。

(二)数据跨境流动与数据人权

数字人权概念源于科技发展进程当中数字技术与传统生产生活模式之间存在不匹配所引发的一系列新的冲突矛盾,科技发展虽然对经济社会运行方式产生了颠覆性的变革,但是始终应当将以人为本的理念作为准绳,由此引发数字经济时代中对人权问题的考量,学界将其称为"第四代人权"。数据是数字经济时代各项活动开展的基础性资源,可以认为数据人权是数字人权的下位概念,同时,数据人权也是数字人权的核心概念和集中体现,因此本书将采用数据人权这一概念展开讨论。

有学者认为数字化社会中人权的隐忧来源于算法黑箱、政府监控行为的扩张以及数据掌控的严重不对称。① 有学者则认为数字人权包含两个方面，一方面是保护公民的数字权利，包括隐私、表达、人格尊严等，另一方面是在数字化生活普及以及数字资源的共享过程当中填补"数据鸿沟"，以更大程度地实现数字权利的平等。② 进言之，数字经济时代的数据人权具体涉及两个层面的问题：第一，公权力与私权利的边界。其一，政府公权力边界的扩张可能对私权造成一定的侵害，在技术不断进步的过程中，政府对于私人数字化生活的干涉愈演愈烈，尤其是在"9·11"事件发生之后，政府对信息的监管不断增强，"棱镜门"事件的曝光是公权与私权冲突的顶峰，这一趋势从国家和社会安全的视角出发有一定的合理性与必要性，但是却在一定程度上干涉了企业的正常经营活动，并为公民隐私保护带了新的挑战。其二，企业的力量也借助数字技术的发展相应地得以拓展，尤其是借助算法技术，在对所收集到的海量数据的处理过程中不断进行学习和自我优化，通过对数据的解读进行人物形象的数字化"素描"，最终形成个性化服务，达到程序比本人更了解自我喜好与习惯的效果。

第二，数据共享渠道不畅通所导致的"数字鸿沟"可能引发数字经济时代新的社会不公平问题。当下社会中，掌握数据即是拥有话语权，虽然数字化的生产生活模式在诸多方面重塑了社会结构，推动全球社会真正地向"万物相连"发展，起到了"去中心化"和"去结构化"的作用，但是数字时代的产物却也在一定程度上加强了社会"聚中心化"和"强组织化"的发展趋势。③ 当海量数据掌握在部分群体手中，无论是政府机构还是企业团体，都有可能为新型歧视行为的出现创造条件，加剧社会中的不平等现象。一方面，随着政务信息的丰富及智慧政府的建设，政府机关往往掌握着大量的数据资源，决策与预测机制的效率也由于技术的发展得以提升，但是由此也可能侵犯公民民主参与、自由表达等权利。另一方面，算法黑箱为歧视性行为提供可能性，例如酒店预订网站根据客人的消费水平进行差别性定价，侵犯了消费者的知情权，而这种新

① 马长山：《智慧社会背景下的"第四代人权"及其保障》，《中国法学》2019 年第 5 期。
② 张文显：《"数字人权"这个概念有着坚实的法理基础、现实需要和重大意义——"无数字不人权"》，《北京日报》2019 年 9 月 2 日。
③ 陈兵：《因应超级平台对反垄断法规制的挑战》，《法学》2020 年第 2 期。

型歧视行为事实上具有相当的隐蔽性,因此很难被探知。

在上述论及的数据人权的两个面向中,第一类可以视为传统人权问题在数字时代的延续,新技术的发展进一步激化了原有的矛盾,是老问题在新语境下的反馈。需要获得更多关注的是第二类问题,信息爆炸的数字时代隐性的数据歧视问题亟待重视。当前多数国家和地区出台的数据跨境流动政策或法律法规认为,数据人权的实现在于对本国公民隐私及个人信息的强保护,其中的典型代表是欧盟,欧盟很早就将数据人权列为基本人权之一进行保护,在数据跨境传输的过程中若不符合欧盟要求的标准则拒绝欧盟数据在其他国家或地区的传输。事实上,过于强调数据保护甚至施行过度的数据本地化措施对数据人权也有着一定的损害,无论是否搭建国家层面数据流动渠道,跨境数据流动时时刻刻都在借助互联网等技术发生,无序、无章的流动极有可能只惠及极小部分人,从而由信息不对称所带来的人权侵害案件增加,因此亟须建立有序的数据跨境流通途径。换言之,数据的流动、共享也是数据人权实现的重要方面,是为更广泛的整体社会福利的最大化服务,因此不能单纯地将数据人权的实现等价为对数据权益"保护"这一个方面,而是应当在保护的前提下积极推动数据的跨境流动,积极促成正规渠道的搭建,使得数据利益真正普惠于民。

(三)数据跨境流动与数据治权

当前对数据治权的研究极为有限,有文章指出钱学森基于领导科技情报和信息工作的长期实践超前地提出了"数据治权"的概念,其旨在"利用系统工程的方法,实现数据的活化,真正实现数据在国家和社会治理中的重要作用,掌控数据治权"。① 数据治权可以看作实现数据主权的工具与桥梁,从数据治权的视角出发,数据具有社会治理的公用,数据人权由公民的隐私权等衍生出来,数据主权则是国家主权在网络空间的延伸,在数据跨境流动的过程中,国家主权以数据的形式具体呈现,例如一国在调取本国企业储存在境外的数据时,实质上是两国主权的衡量,在数据人权与数据主权之间,应有其存在

---

① 薛慧峰:《数据治权到数据主权——迈向大数据应用新高度》,《软件和集成电路》2017年第7期。

的价值和发挥作用的空间,然而,数据治权的理念和作用未能得到应有的重视。

对于"治权"有两方面的解读:第一,一般与主权相对,描述中央与地方的关系,治权通常与地方法治的概念共同出现,讨论国家主权下的地方自主;①第二,指土地治权,在我国土地制度的背景下,强调"产权"与"治权"的二分,具体来说"治权是权力主体间政治关系及其对公共事务或公共资源掌控能力的反映,它往往通过政治手段配置社会经济资源、调整社会利益结构,支配、影响和调控整个村社共同体的政治生活,本质上属于一种行政性权力(Power),表现为一种根据公共利益需要而对产权实施进行适当限制、保护、规范和引导的'公权',其改革取向主要为'规制管制',旨在借助正式或非正式的力量为产权的实施保驾护航,保护经济主体的合法权益,规范经济主体的不当行为"。②

在数据治权的内涵与外延还未能明确之时,可以重点关注以下几方面内容:第一,在数据产权问题尚未得到明确解决之时,重视数据的功用性,即着重关注数据的使用权及控制权;第二,基于数据共享的理念,充分激发数据多元共治的潜能,发挥多主体共同治理的效力;第三,围绕数据治权的理念构建规则体系,在公权与私权之间获得平衡点,从使用、控制、管理等方面设计具体制度。

第三节　新基建下数据跨境流动治理
法治化路径

一、提升数据跨境流动硬件设施

(一)建设跨境通信设施,部署专用通道设施

我国各个自由贸易区(港)的实施方案中在谈到数据跨境流动的问题时,

---

① 倪斐:《地方法治概念证成——基于治权自主的法理阐释》,《法学家》2017 年第 4 期。
② 郑淋议、钱文荣、洪名勇、朱嘉晔:《中国为什么要坚持土地集体所有制——基于产权与治权的分析》,《经济学家》2020 年第 5 期。

普遍强调了信息基础设施的重要性,这就需要与新基建紧密结合,完善硬件设施建设,为保证数据跨境安全有序流动率先奠定良好基础。

以深圳为例,2019 年 8 月,中共中央、国务院发布《中共中央　国务院关于支持深圳建设中国特色社会主义先行示范区的意见》,同年 12 月,深圳市委、市政府印发了《深圳市建设中国特色社会主义先行示范区的行动方案(2019—2025 年)》(以下简称《行动方案》),《行动方案》中提出将在深港科创合作区试行跨境通信试点,搭建数据跨境流通通道。深圳将积极对接香港科研管理体制机制,建立科研资金跨境使用管理模式,试行跨境通信试点,探索开辟国际化互联网数据专用通道。这是区域范围内一次数据跨境流动体系构建的尝试,首先畅通通信设施,而后完善通道,将为今后逐步实现大规模的数据跨境流动打下基础。

(二)完善区块链等技术,强化数据融合基础设施

2021 年政府工作报告中指出,"加快数字化发展,打造数字经济新优势,协同推进数字产业化和产业数字化转型,加快数字社会建设步伐,提高数字政府建设水平,营造良好数字生态,建设数字中国"。数字化生产需要数据助力,而庞大的数据则需要区块链技术的支持,区块链、数据等的结合,可被认为是"数据融合基础设施",其中包括底层技术基础设施构建、基础设施安全性与一致性、数据资源与计算需求以及数据交易经济模型和激励机制"四位一体"的建设理念。[1]

落实到数据跨境流动中,可能涉及跨境贸易往来中数据上链是否属于数据出境的问题。更有观点指出区块链技术可以有效打破中心化模式,创造用户自主可控的数据隐私保护新思路;此外,经由支付标记化技术(Payment Tokenization)可以以匿名化方式将个人数据交由可信的第三方控制,在此过程中实现过滤敏感信息、数据限定场景使用等需求[2],区块链技术与数据跨境流动的紧密结合将提供新的监管思路。

---

[1]　孙立林:《安全多方计算与数据融合基础设施的设计理念》,搜狐网,见 https://www.sohu.com/a/434137200_362225? sec=wd。

[2]　姚前:《数据跨境流动的制度建设与技术支撑》,《中国金融》2020 年第 22 期。

（三）加快 5G、物联网等配套基础设施建设

5G 技术属于第五代无线基础设施，是大规模的网络技术，5G 相关设施建设是对传输速度的保证，其可以提供更快的数据传输速率，减少需要大量数据的应用程序的延迟、高带宽，并带来更多的连接和可靠性机会。其中重点包括 5G 基站建设、新型多址技术、高频段通信标准技术、新型多载波技术、先进编码调制等，数据跨境流动的高效实现均有待以上技术的提升。

物联网则涉及更广阔的交互，已经从信息传输上升到信息传感。"十四五"规划指出，要推动物联网全面发展，打造支持固移融合、宽窄结合的物联接入能力。另外，在智慧城市的建设当中，要实现分级分类推进新型智慧城市建设，将物联网感知设施、通信系统等纳入公共基础设施统一规划建设，推进市政公用设施、建筑等物联网应用和智能化改造。实现广泛意义上的数据跨境流动，则需要借助物联网等相关技术，实现虚拟与实体的互动，将更多实体信息转化为可用数据，因此需要广泛提升物联网等技术的应用。

二、完善数据跨境流动法治体系

（一）立法体系

1. 在顶层设计中明确数据主权原则

当前我国立法中数据分级分类管理的顶层设计已经初步构建完成，详细的出境规则还在进一步细化制定中，并且已经在部分需求突出的领域贯彻数据本地化的要求，例如金融、征信等领域①，以此为基础，需要围绕我国安全与发展并重的理念，明确数据主权的原则。继 2016 年《中华人民共和国网络安全法》出台后，2021 年颁布的《中华人民共和国数据安全法》在国家整体安全观的指引下贯彻了数据安全与发展并重的理念，第四条指出，"维护数据安全，应当坚持总体国家安全观，建立健全数据安全治理体系，提高数据安全保障能力"，体现出对数据安全层面的考量，不仅要考虑数据传输本身的安全性，更需要充分考虑数据主权的安全。其中在数据跨境流动相关内容，第十条

---

① 信通院互联网法律研究中心：《全球跨境数据流动国际规则及立法趋势观察和思考》，CAICT 互联网法律研究中心，见 https://mp.weixin.qq.com/s/T4lprRgK6xplz9ykNrDK8A。

指出,"促进数据跨境安全、自由流动"。可见,当前的《中华人民共和国数据安全法》仅表明了促进数据跨境流动的态度,但是并未明确在数据跨境流动中提出数据主权这一原则。

数据主权原则的构建可分为直接参与以及间接保护两种模式,前者是直接通过对数据本地化的严格要求彰显主权保护,例如《中华人民共和国网络安全法》中采取的模式,后者则是将数据主权的原则融入各项规则及标准的制定中。换言之,是将国家主权以公民个人权利的方式来具体行使,例如,欧盟在《通用数据保护条例》中采取的将个人数据权利作为基本人权的立法模式。① 鉴于我国现实需要,遵循统筹发展与安全双轮并驱的原则,延续数据本地化储存的立法宗旨,贯彻总体国家安全观的要求,在此基础上,通过进一步完善数据分级分类传输体系,针对不同级别和类型的数据细化操作规则和标准,使数据主权的原则能够落实到具体实践当中。

2. 构建分级分类数据跨境流动体系

具体法律规则的制定需要建立在对数据分级分类保护的基础上,《中华人民共和国数据安全法》第二十一条明确提出"国家建立数据分类分级保护制度",特别是重要数据、核心数据等。

在国际数字贸易需求不断增强之时,尤其应当对企业数据进行专门保护,虽然企业数据与个人数据的范围必然存在交叉重叠,但是需要进一步明确经过企业算法处理的数据是否属于商业秘密或者应当受到产权保护等。基于此,亟待进行专门性立法,充分参考专家学者的建议,听取企业、协会等社会组织的建议,结合已经制定的数据分类标准,提升立法的精准度及专业性,有针对性地进行细化立法。

3. 预留制度接口以畅通国际合作渠道

《中华人民共和国数据安全法》第十一条指出,"国家积极开展数据安全治理、数据开发利用等领域的国际交流与合作,参与数据安全相关国际规则和标准的制定,促进数据跨境安全、自由流动",这一要求表明了我国积极参与

---

① 刘天骄:《数据主权与长臂管辖的理论分野与实践冲突》,《环球法律评论》2020年第2期。

并推动数据跨境流动国际规则体系构建的态度。在当前的国际形势及国际数字经贸往来背景下,我国的数据立法需要积极回应国际数据安全态势和竞争格局,尤其是进一步考虑数据安全合作机制,明确制度接口。各个国家和地区在预留制度接口上采取的措施不尽相同,例如欧盟的《通用数据保护条例》采取认可制度,即达到欧盟委员会对数据跨境传输"充分性保护"要求的国家经过评估后可被纳入"白名单",美国则倾向于与相关国家达成双边或多边协议的方式来制定详细的数据跨境规则。

当前,大规模数据跨境的需求呼唤规范化、专业化的立法,当前我国立法中主要着眼点仍是数据"引进来"的环节,但是缺乏对本国数据"走出去"的指引,数据跨境流动应当遵循双向的原则,数据与数据的交互才能真正促进数字贸易的发展,可以以我国"一带一路"倡议中与沿线国家已经签订的协定等为基础,尝试将国际协定与国内立法进行衔接,从而逐渐推动国内立法与国际规则的双重发展。

(二)监管体系

1. 强化安全评估体系

安全评估体系应当包括事前评估及事后评估两个环节,其中事前评估可以细分为数据出境安全评估以及数据入境安全评估两方面,尤其是针对个人数据的出境,要做好个人信息保护工作,重点评估是否实现对敏感数据的脱敏保护,涉及企业数据则需要考察数据是否涉及企业商业秘密、知识产权保护等内容,政府数据出境情形较少,如果涉及例如新冠肺炎疫情防控等全球突发性卫生公共事件的防控,则需要注意其中的公民个人隐私以及涉及国家安全或能够读取相关信息的数据是否可以出境进行审慎评估。

针对境外数据入境,则需要重点评估数据中是否夹带不良信息、有害信息、病毒代码等可能损害我国安全的内容。事后评估则是对数据出境效果进行评估,包括数据跨境流动的效率以及质量等,以便再次有针对性地进行提升。评估体系的建立可以从区域试点着手,逐渐扩大范围,评估体系的建立更有利于增强数据跨境流动的透明度,是对外释放的一项积极信号。①

---

① 孙方江:《跨境数据流动:数字经济下的全球博弈与中国选择》,《西南金融》2021年第1期。

2. 构建企业资质认证制度

当前,关于企业数据跨境流动资质认证的规定仍然与数据跨境流动安全风险防控相关,集中于对数据保护能力的认证。数据保护能力认证具体指"企业能满足信息合规和内控要求,在管理和必备的技术能力方面达标",能够避免信息数据盗用、信息泄露等事件的发生①,该机制的构建可以有效分散政府层面对数据跨境流动风险审查的压力,从源头的企业着手,对数据安全进行有效审查。例如,上海自贸区临港新片区总体方案中提出要建立数据保护能力认证;北京自贸区总体方案中指出要针对企业数据保护能力进行第三方认证机制;浙江自贸区扩展区域方案中也表明要建立数据保护能力认证的数据安全管理机制。北京市经济和信息化局于 2021 年发布了跨境数据保护能力第三方认证的解读,其中初级目标为制定分类分级的细则和保护能力认证办法,选取企业作为试点,理想目标则是将该认证纳入数据流通监管体系。其中对认证程序进行了重点规定:第一,尽快制定第三方认证管理办法,明确认证机构及流程;第二,企业依据规定提交申请;第三,第三方认证机构按照不同等级的标准进行认证;第四,对认证通过的企业发放证书。②

除对企业数据保护能力进行审查外,对企业资质认证还可以实行于数据跨境流动的其他方面,譬如企业专门从事数据跨境传递业务的资质认证,或者为了跨国贸易的展开对交易中一些环节涉及数据跨境传输时进行事前的资质审查,避免等待审查、重复审查的情况出现,尤其是涉及跨境支付等活动时,此时的数据交换集中在特定领域,可以考虑对此类活动进行统一、一次性的资质认证,而后在合理时期内更新资质认证。

3. 完善数据交易体系

贵阳大数据交易所发布的《2016 年中国大数据交易产业白皮书》(以下简称《白皮书》)中统计,大数据交易市场规模预计 2016 年年末将达 62.12 亿元,2020 年达 545 亿元,数据交易将成为数字经济发展的重要驱动力。《白皮书》

---

① 周念利、姚亭亭:《中国自由贸易试验区推进数据流动的现状、难点及对策分析》,《国际商务研究》2021 年第 3 期。
② 北京市经济和信息化局:《跨境数据保护能力第三方认证》,北京市政府网,见 http://jxj.beijing.gov.cn/ztzl/ywzt/lqjs/gzrwjd/202102/t20210223_2286807.html。

中还指出,构建数据交易体系的三大支柱是交易系统、交易规则以及交易监管。交易系统的构建是将数据转化成为资产并使其能够在全球范围内流动的基础所在,而当前我国国内的交易市场尚存在诸多不完备的方面,数据交易过程不够公开,私人化、非正式化交易模式存在一定风险。在交易规则方面,当前国内尚无统一的交易规则体系,具体规则的构建应当包括数据定价、交易准入以及交易模式等一系列环节的构建。在交易监管方面,交易监管为数据交易的整体流程保驾护航,其中包含两个层面的内容,一方面是公权力机关对数据交易过程的监管,可以通过制定专门性或地方性政策法规实现;另一方面则需要充分发挥数据交易场所的监管力量,充分实现数据交易中的共建共享共治,借助自律规则或企业章程的出台实现数据交易的规范化、体系化发展。①

此外,在数据交易的过程中还会产生一系列衍生问题,譬如数据确权、数据安全、隐私保护及信任机制等②,针对这些问题不仅需要配套制度的共同构建与完善,更需要监管技术的升级与更新。例如,充分运用区块链、边缘计算等新型技术作为工具,在充分保护隐私和安全问题的前提下强化对数据交易过程的监管。③

三、推进数据跨境流动全球布局

(一)积极参与全球规则建立

首先,推动区域互操作机制建立。跨境隐私规则体系(Cross‐Border Privacy Rules,CBPR)在美国主导的亚太经济合作组织(APEC)框架下建立,旨在针对跨境电子商务中的个人信息制定保护规则,其规范对象不包括政府在内,而是限于亚太地区涉及个人信息跨境传输的企业,该规则强调自愿原则,只对加入规则的企业产生约束力,跨境隐私规则体系规制范围较广,从事个人信息采集、存储、加工及传输等业务的企业均涵盖在其中。其机制设计中

---

① 贵阳大数据交易所:《中国大数据交易的三要素:交易系统,交易规则,交易监管》,搜狐网,见 https://www.sohu.com/a/116363957_398084。

② 上海数据交易中心:《上海数据交易中心基于区块链的数据交易系统简介》,搜狐网,见 https://www.sohu.com/a/342200606_622773。

③ 陈红娜:《数字贸易与跨境数据流动规则——基于交易成本视角的分析》,《武汉理工大学学报(社会科学版)》2020年第2期。

还囊括了隐私执法机构,保证了体系内各项规则的执行力。① 由于世界贸易组织及自由贸易协定等框架下电子商务规则推进进展缓慢,美国选取跨境隐私规则体系作为突破口,开辟区域性数据互操作机制,美国和日本已经开始通过跨境隐私规则体系进行实质性合作,欧盟也正在谋划与美日共建数据流动圈。在此进程中日本扮演重要角色,日本获得了欧盟《通用数据保护条例》认证机制,同时也是跨境隐私规则体系成员,同时,日本也在积极修订国内数据立法,将跨境隐私规则体系中涉及的数据跨境流通机制融入国内立法体系,在此后与美欧等经济体的数据流动过程中将起到重要作用。②

　　在世界经济论坛与巴林经济发展委员会等组织共同设计的跨境数据流动路线图中也提倡互操作机制的建立,不仅要在技术层面增强互操作性,更需要在政策设定以及具体应用层面进一步突破樊篱。在技术层面,对于数据互操作性的定义为"为在不同系统之间共享数据并使这些系统能够使用数据的能力",其中包括数据标准化、应用程序接口互操作性、数据可携性等方面的内容。在政策制定层面,例如要求"政府间应鼓励使用开放或标准应用程序编程接口进行数据共享,以提高技术互操作性",以及在数据跨境传输的过程中精简流程以及提升标准化水平等。③ 落实到我国实践,可以充分发挥"一带一路"等已经建立的国际合作机制的作用,在已经签订的双边或多边协作协议中增加数据跨境流动的互操作性体系构建条款或章节,率先对已经构建起良好协作关系的国家或地区进行数据跨境流通的先行先试,积累经验。

　　其次,进一步推进国际层面的合作。当前较为重要的国际公约或协议中对数据跨境流动已经有一些探讨和规定,但是数量非常有限,世界贸易组织刚刚开启对数据跨境流动规则制定的讨论,自由贸易协定中仅在美国主导的《美国—墨西哥—加拿大协议》以及《全面与进步跨太平洋伙伴关系协定》中

---

　　①　佑碧艾商务咨询(上海)有限公司:《个人信息保护:跨境电子商务个人信息保护——CBPR 体》,搜狐网,见 https://www.sohu.com/a/260045830_100056096。

　　②　信通院互联网法律研究中心,《全球跨境数据流动国际规则及立法趋势观察和思考》,CAICT 互联网法律研究中心,见 https://mp.weixin.qq.com/s/T4lprRgK6xplz9ykNrDK8A。

　　③　对外经济贸易大学金融科技实验室:《世界经济论坛:跨境数据流动路线图》,数字经济与社会,见 https://mp.weixin.qq.com/s/xfycWbU_m7zdd2ffrXTHbg。

涉及相关内容。跨境隐私规则体系虽然是推动数据跨境流动的专门机制,但是截至 2019 年年末,仅有二十多家美国和日本的企业加入了跨境隐私规则体系。① 在欧盟方面,《通用数据保护条例》的实施加重了跨国企业在欧盟从事商业活动的经营成本,因此一直以来备受诟病,但是在世界范围内也已经有多个国家通过了 GDPR 的认定标准。而欧盟也于 2020 年进一步出台了《数字服务法》(Digital Service Act, DSA)及《数字市场法》(Digital Market Act, DMA)两部法案,进一步深化其数字政策,明确其针对在线平台行为展开规范的行动方向和具体举措。

各个国家和主要地区均在积极参与到国际规则的制定中,在数据跨境流动的规制中抢占话语权。我国需要首先从本国需要出发,明确经济和社会发展所需要的数据跨境流动规则,在保障本国安全和合理利益的前提下,积极参与国际规则的共建,可以从对国际规则附条件的接受,双边或多边关系中的互通互认以及相关评估、审查标准的统一等具体方面入手,在不断博弈和磨合中探索有利于我国数据主权和国家安全实现的数据跨境流动规则体系。②

(二)加强跨国企业合规工作

首先,可以考虑在境外符合条件的国家设立数据基地。在当前欧盟及美国的数据跨境流动规则已经基本建立的情况下,为了实现数据安全、有效的流动共享,提升国际贸易效率及质量,涉及数据跨境相关业务的企业可以考虑在境外符合别国数据传输标准的地点设立机构或建立数据中心等。例如,根据欧盟委员会《通用数据保护条例》的要求,其区域内数据的跨境传输地点只能是欧盟所承认的特定国家或地区,或者是能够提供相当保护的国家或地区,因此建议跨国公司在符合此类要求的地点率先进行合理的产业布局,以保证跨境贸易活动的正常运转。③

其次,引导跨国企业开展数据跨境流动合规工作。企业自身的数据合规

---

① 信通院互联网法律研究中心:《全球跨境数据流动国际规则及立法趋势观察和思考》,CAICT 互联网法律研究中心,见 https://mp.weixin.qq.com/s/T4lprRgK6xplz9ykNrDK8A。

② 马其家、李晓楠:《论我国数据跨境流动监管规则的构建》,《法治研究》2021 年第 1 期。

③ 娄鹤、陈国彧:《中国企业个人数据跨境传输最佳法律实践探讨》,《信息安全与通信保密》2019 年第 8 期。

工作是降低数据跨境流动中法律风险的重要方面。研究显示,事前许可的数据跨境流通管理方式效率较低、程序烦琐,在实践中可操作性较弱,越来越不能适应大规模数据跨境流通的需求,因此欧盟等已经逐渐开始放弃事前许可的方式,而是将注意力转向开辟和发展新的企业数据合规途径,包括标准合同条款、行业标准制定、资质认证等,希望借助此类方式畅通企业数据跨境流通的渠道。① 企业数据跨境合规工作的展开需要注意"双向合规"的实现,具体而言,既要满足本国法对数据采集、传输等方面的要求,又要遵循国外数据传输的规则②,在数据入境和出境两方面均要做好合规工作,对于和引出国和目的国相关的数据法规和政策均需要进行充分研究。

此外,从 TikTok 一系列在海外遭到封禁的行为中也可以吸取一定的经验,例如除企业自身做好合规工作外,还需要在事件发生后积极与权力当局进行沟通,积极了解对方政府禁止的关键点,与对方政府就争议点展开协商,例如在 TikTok 被印度尼西亚政府封禁后,二者通过积极沟通,TikTok 删除了相关信息并接受印度尼西亚当局的监管,从而妥善化解了危机。③ 换言之,在相关国际冲突发生后作为跨国企业,实际上拥有比政府之间更加高效快捷的沟通渠道,当封禁行为尚未上升到国家间事件的层面之时,跨国企业自身也应当采取积极措施进行补救。

(三)推动跨境监督及执法

首先,我国国内关于数据跨境流动相关行为规制的执法机关不明确。当前,我国关于数据跨境流动的规则散见于多部立法当中,各部立法中指明的监管机关存在重叠和交叉,例如《中华人民共和国网络安全法》中制定享有执法权的机关包括国家网信部门、工业和信息化部以及公安部等。④ 数据或个人信息的跨境流动呈现连贯性的特征,境内与境外两个环节难以割裂,因此监督或执法机关需要对境内及境外的活动进行统筹监督管理,未来随着数据或个

---

① 腾讯研究院:《规则的激荡与新生——2020 年数据治理年度报告》,腾讯研究院官网,见 https://www.tisi.org/? p=17755。

② 许多奇:《论跨境数据流动规制企业双向合规的法治保障》,《东方法学》2020 年第 2 期。

③ 冯硕:《TikTok 被禁中的数据博弈与法律回应》,《东方法学》2021 年第 1 期。

④ 许多奇:《论跨境数据流动规制企业双向合规的法治保障》,《东方法学》2020 年第 2 期。

人信息跨境活动的增多,多部门职责的交叉或重叠将降低监管效率,妨碍监管效果的实现,因此还需要进行专门的立法或指定专门的职责部门来对数据跨境流动活动进行监管或执法,进一步明确权责职能。

其次,涉及数据跨境流动行为管理的国际执法合作机制及处罚机制有待建立和完善。近年来,世界各国和主要地区在制定自身的数据跨境流动规则后都开始进一步针对规则的执行机制进行规划,例如美国云法案赋予了其执法机构跨境调取数据的权力,帮助美国实现长臂管辖政策。① 这一法案指明美国政府有权直接调取境外数据,而无须经由其他国家的司法协助,由此在立法和执法两个层面确定了其长臂管辖规则。② 欧盟《通用数据保护条例》中最初的规定为侵权行为发生于欧盟境内或对其境内当事人产生了实质性影响则成员国的监管机构有权进行执法,这实质上也造成了多国监管的问题,随后欧盟成立了欧盟数据保护委员会(EDPB),该委员会由各成员国代表组成,专门负责《通用数据保护条例》实施的监管工作,执法工作得以有效推进。此外,《通用数据保护条例》还规定了高额罚款,即该企业全国营收的4%或2000万欧元,这对于跨国企业在欧盟从事数据相关活动的规范性有强大的震慑力。③

最后,在数据跨境流动相关冲突发生后调查程序的履行和具体证据调取等方面还需要加强。在我国曾经发生的数据跨境调取案件中,公安机关可以将取证管辖权延伸至他国境内,但是涉及人员遣返等问题则需要经由别国的司法协助,而无法直接进行执法,这种行为实质上对刑事管辖权进行了突破,跨境调取数据的行为是否具有正当性还有待考察,同时,别国是否拥有相应权利调取我国境内数据作为证据也值得思考。而针对这些问题的解决方法仅仅借助国内单边立法难以完全实现,还需要国际规则的进一步构建,搭建起国际数据证据调取的制度体系。④ "取"和"防"是跨境数据执法的两个主要方面,

---

① 信通院互联网法律研究中心:《全球跨境数据流动国际规则及立法趋势观察和思考》,CAICT 互联网法律研究中心,见 https://mp.weixin.qq.com/s/T4lprRgK6xplz9ykNrDK8A。
② 周梦迪:《美国 CLOUD 法案:全球数据管辖新"铁幕"》,《国际经济法学刊》2021 年第 1 期。
③ 王中美:《欧盟数据战略的目标冲突与中间道路》,《国际关系研究》2020 年第 6 期。
④ 唐彬彬:《跨境电子数据取证规则的反思与重构》,《法学家》2020 年第 4 期。

在此过程中,数据主权与国家安全是需要重点考虑的方面。基于对数据主权的充分尊重,原则上调取证据需要数据储存地国家相关机构的同意,但是数字时代的犯罪行为跨国化和信息化程度都在显著提高,因此跨境数据调取也需要更为灵活的方式。在"防"的方面,针对以美国为代表的国家在数据跨境方面采取的长臂管辖和相关证据采信政策,一些国家也出台了防御性的封阻法令,尤其是在具有保密性质的行业和领域,对本国信息加强防护。① 从我国需要采取的措施来看,首要任务是明确数据主权原则,在我国已经采取的数据本地化储存的基础上探索适应我国发展现状的法律规则体系。此外,还应当积极推进双边或多边协议的签订,加强与国际社会的合作,从区域协作开始,不断完善数据跨境执法体系。

---

① 洪延青:《"法律战"旋涡中的执法跨境调取数据:以美国、欧盟和中国为例》,《环球法律评论》2021 年第 1 期。

第六章　新基建与数据安全治理法治化

　　新型基础设施建设以技术创新为驱动,以信息网络为基础,提供数字转型、智能升级、融合创新等服务的基础设施体系,其范围涵盖了5G基建、特高压、城际高速铁路和城际轨道交通、新能源汽车充电桩、大数据中心、人工智能、工业互联网七大领域①,其显著特征是数字产业化和产业数字化。2018年中央经济工作会议首次提出"加快5G商用步伐,加强人工智能、工业互联网、物联网等新型基础设施建设"。2019年7月30日,中共中央政治局召开会议,提出"加快推进信息网络等新型基础设施建设"。

　　随后,2020年1月3日,国务院常务会议确定促进制造业稳增长的措施时,提出"大力发展先进制造业,出台信息网络等新型基础设施投资支持政策,推进智能、绿色制造";2020年2月14日,中央全面深化改革委员会第十二次会议指出,"基础设施是经济社会发展的重要支撑,要以整体优化、协同融合为导向,统筹存量和增量、传统和新型基础设施发展,打造集约高效、经济适用、智能绿色、安全可靠的现代化基础设施体系"。同年,3月4日,中共中央政治局常务委员会召开会议,强调"要加大公共卫生服务、应急物资保障领域投入,加快5G网络、数据中心等新型基础设施建设进度";3月6日,工信部召开加快5G发展专题会,加快新型基础设施建设;4月20日,国家发改委创新和高技术发展司司长伍浩在国家发改委新闻发布会上表示,新基建包括信息基础设施、融合基础设施和创新基础设施三方面;5月22日,国务院《政府

---

　　① 《"新基建"版图绘就2020交通基建规划全盘呈现》,《建设机械技术与管理》2020年第2期。

工作报告》提出,重点支持"两新一重"建设(新型基础设施建设,新型城镇化建设,交通、水利等重大工程建设);6月,国家发改委明确新基建范围,提出"以新发展理念为引领、以技术创新为驱动、以信息网络为基础,面向高质量发展的需要,打造产业的升级、融合、创新的基础设施体系"的目标。新基建可全面促进信息技术的市场化应用,推动数字产业形成和发展,催生新产业、新业态、新模式,最终形成数字产业链和产业集群,加速产业数字化。

数据是新基建的基础要素和底层逻辑,新基建通过技术驱动数据,推动基础设施转型升级。新基建对传统产业进行全方位、全角度、全链条的基础改造,有利于推动产业结构优化升级,实现对经济发展的放大、叠加、倍增效果,如疫情期间远程办公、远程医疗、远程教育和线上购物等数字经济产业快速发展,也促进政府加速发展"数字基建",逐步摆脱对"铁公基"等传统基建的依赖,开启数字经济的新进程。

新基建孕育着巨大的发展空间,为各行各业培育新动能,释放发展潜力,随着新基建浪潮的扩展,数据开始呈海量爆发式增长,数据形态更加多样化,数据应用场景亦更加多元化等,潜藏其中的数据危机也衍生出新一轮的网络安全挑战。勒索病毒周期性爆发、微盟删库事件等暴露出包括数据库安全、IT运维等方面在内的各种内外部安全风险,为"数字基建"的展开敲响了警钟。新基建的科学有效发展,有赖于数据的赋能,而要充分发挥数据对新基建的正向促进作用,就需要加强数据安全治理,需要通过建设可靠的数据安全治理体系以保障新基建战略的科学高效实施。随着新型基础设施项目建设和应用的大面积开展,政治、经济、军事、文化、科技等活动越来越依赖于数据的支撑,新的安全挑战不断衍生,其辐射范围越来越广,所涉主体越来越多,内涵也日益丰富。因此,如何通过法律体系的构建,完善制度供给以保障新基建过程中的数据安全是当前亟待解决的重要课题。

第一节　新基建对数据安全发展的治理要求

新基建的核心在于传统产业的数字化转型、传统基础设施的数字化改造。随着这些数字基建的开展,将从根本上改变我国数字经济发展面貌,推进数字经济相关产业升级、经济活动模式的演进和社会生活模式的变迁。

一、数据安全概述

数据(Data)一词来源于计算机术语,最初用于表示所有能被计算机处理的符号,包括数字、文本、图形、图像、音频、视频等。[①] 随着计算机技术的发展,几乎所有的人类信息都能被处理成数据记录下来,数据的内涵与外延不断拓展,并不断延伸至其他领域。情报学或传播学认为数据是分散和孤立的事物的原始记录,它的存在目的是在此基础上形成有社会意义的信息,继而由诸多信息结合成为知识,甚至最终的智慧,由此形成了由数据、信息、知识直至智慧的价值递进的认识规律。[②] 黄国彬、张莎莎等(2017)认为数据是对客观事物的性质、状态以及相互关系等进行记载的物理符号或是这些物理符号的组合,也包含数值数据和非数值数据。[③] 国际数据管理协会(DAMA)认为数据是以文本、数字、图形、图像、声音和视频等格式对事实进行展现。国际标准化组织(ISO)将数据定义为"以适合于通信、解释或处理的正规方式来表示的可重新解释的信息"。[④]

(一)数据安全的概念与特征

数据安全有狭义与广义之分。狭义的数据安全主要是指产业互联网语境中的网络安全,广义的数据安全不仅涵盖具体领域,还包括社会与个体安全、权益安全与供应链、国家战略安全,强调安全对产业发展模式、发展方向的约束。数据安全不仅关系个人隐私、企业商业隐私,而且直接影响国家安全。从数据安全治理角度来看,数据安全分为数据本身的安全和数据治理安全。

1. 数据本身的安全

数据是信息的载体,信息是数据的符号化表达。根据国际标准化组织

---

① 于英香:《从数据与信息关系演化看档案数据概念的发展》,《情报杂志》2018 年第 11 期。

② 参见梅夏英:《信息和数据概念区分的法律意义》,《比较法研究》2020 年第 6 期。

③ 黄国彬、张莎莎、闫鑫:《个人数据的概念范畴与基本类型研究》,《图书情报工作》2017 年第 5 期。

④ ISO/IEC 2382:2015 Information Technology-Vocabulary,见 https://www.iso.org/obp/ui/#iso:std:iso-iec:2382:ed-1:v1:en。

(ISO)的定义,数据安全主要是指数据所代表的信息的完整性、可用性、保密性和可靠性。

(1)完整性。完整性指信息在传输、交换、存储和处理过程中保持非修改、非破坏和非丢失的特性,即保持信息原样性,使信息能正确生成、存储、传输,这是最基本的安全特征。当数据完整性受到损害时,数据会无效或被破坏。除非通过建立备份和恢复过程可以恢复数据完整性,否则组织机构可能遭受严重损失,或基于无效数据而制定出不正确的和代价昂贵的决策。

(2)可用性。可用性指网络信息可被授权实体正确访问,并按要求能正常使用或在非正常情况下能恢复使用的特征,即在系统运行时能正确存取所需信息,当系统遭受攻击或破坏时,能迅速恢复并能投入使用。可用性是衡量网络信息系统面向用户的一种安全性能(使信息能够按照用户的要求被正常使用)。

(3)保密性。保密性指信息按给定要求不泄露给非授权的个人、实体,即杜绝有用信息泄露给非授权个人或实体,强调有用信息只被授权对象使用的特征。

(4)可靠性。可靠性指通信双方在信息交互过程中,确信参与者本身,以及参与者所提供的信息的真实同一性,即所有参与者都不可能否认或抵赖本人的真实身份,以及提供信息的原样性和完成的操作与承诺。

2. 数据治理安全

数据治理安全具有多重层次,其中个人安全是数据治理安全的基础。作为底层支撑,数据安全在新基建数据治理安全中占有首要地位。个人是社会最基本、数量最大的个体单位。个人安全是社会安全的基础,个人数据安全是数据安全的基石。在大数据时代和互联网时代背景下,每个自然人个体都在经历自身被"数字化"的过程,关于自身的任何方面均可被数据化,成为大数据的重要来源。个人数据是目前数量最多、适用范围最广和社会影响最大的数据。新基建的基本目标,就在于提升人民群众的生活水平,让改革发展成果更多更公平惠及全体人民,个人数据对这一目标的实现具有重要作用,诸如医疗大数据、教育大数据、就业大数据等个人数据或以个人数据为基础形成的数据集合,有助于不断提升新基建的质量,使新基建能够更好地服务于人民,不仅能够满足人民日益增长的美好生活需要,同时也能够"反哺"新基建自身的不断完善和发展。

经济安全是数据治理安全的关键。新基建不仅是提升人民群众基本生活水平的重要组成部分,同时也是带动经济发展的新动能,为我国经济社会发展注入新动力。5G、人工智能、工业互联网、物联网等新型基础设施建设在未来将极大促进国民经济的发展。根据中国信息通信研究院测算:预计 5G 在 2020—2025 年,将拉动中国数字经济增长 15.2 万亿元。[①] 市场研究机构 IDC 预测:到 2022 年,5G 将推动中国数字经济 25% 的增长。[②] 新基建关系国民经济的发展,而新基建又需要以数据这一基本要素作为基础,因此新基建中的数据安全治理就关系我国经济安全。国家安全是安邦定国的重要基石,维护国家安全是全国各族人民的根本利益所在,我国目前以经济建设为中心,经济安全是新时代下国家安全的基础。维护经济安全,必须加强对数据安全的治理。必须要在通过数据赋能新基建以推动经济发展的同时,针对经济发展中的具体数据应用场景完善数据安全治理体系建设。在这其中,必须着重从政府和企业两大主体出发,强化政府和企业数据安全体系的建设。企业是生产经营的主体,其产品和服务的供给也需要以数据为基础,是新基建项目的建设主体,在我国供给侧结构性改革的政策背景下,必须加强对企业数据安全的治理;政府不仅是市场宏观调控的主体,同时也是数据要素的重要来源和控制主体,其社会治理能力的提升也需要借助数据,因此其在推动经济发展中存在的数据安全问题也应得到重视和解决。

政治安全是数据治理安全的根本。数据安全治理是关系国家政治安全的保障。当前,国内外形势正在发生深刻复杂变化,数据要素不仅成为国内建设关注的焦点,也成为国际上各国竞争的对象,故此,数据安全越来越多地得到世界各国的普遍重视,各国纷纷出台政策法规,加强对本国数据安全的保护,尽可能地在国际数据竞争中占得先机,更有甚者,通过各种手段刺探他国数据。在这个过程中,以中国为首的发展中国家面临的风险更大。近年来,以美

---

① 雍黎:《15.2 万亿! 5G 将拉动中国数字经济增长》,《科技日报》2019 年 2 月 8 日。

② 《IDC 预测:到 2022 年,5G 将推动中国数字经济增长 25%》,新浪科技,见 https://tech.sina.com.cn/5g/i/2020-02-07/doc-iimxxste9528582.shtml。

国为首的"五眼联盟",不断强化情报搜集工作,把中国作为焦点。该联盟国家聚焦网络安全,把通过卫星、根域名、服务器、移动通信载体等设备传输的网络信号和数据作为情报工作的重点,更加凸显了国家数据安全治理的迫切性和国家数据安全保障的政治意义。所以,新基建发展过程中的数据安全问题,不仅是技术问题或者经济问题,也是政治问题;不仅关系经济社会繁荣,同时也关系社会稳定,更关系国际格局的维护。因此,不仅要重视经济方面的数据安全问题,还应当从政策视角探讨数据安全的政治问题。应从政治角度出发,统筹国内国外两个大局,分析新基建过程中数据对国家政治安全产生的风险,并探究其法治完善路径,为我国新基建的加速推进以及在国际数据竞争中抢占制高点、抢抓新机遇提供制度基础。

（二）数据安全与相关概念

数据安全在数据本身层面意味着数据具有保密性、完整性、真实性、可用性;在个人数据保护层面表现为数据安全、个人信息自决以及数据控制相关方满足个人信息自决的义务;上升至国家层面,还要包括本国对于数据的控制权以及免遭数据威胁国家安全的需要。国家新基建发展战略为基础设施数字化、智能化发展释放出巨大的产业信号,推动我国新基建如火如荼地开展。我国目前已有二十几个省份上马新基建项目,企业投资也飞速增长。伴随新基建的发展,数据安全与相关概念的辨析也成为保障新基建顺利进行的前提和基础。

1. 数据安全与数据发展

安全是发展的前提,发展是安全的保障,在新基建的环境下,网络安全与发展的核心是数据的安全与发展。大数据时代已经到来,大数据技术及应用蓬勃发展,大数据数量和价值快速攀升。除数据资源自身蕴含的丰富价值外,元数据资源经挖掘分析可创造出更为巨大的经济和社会价值。随着"互联网+行动计划"进一步推进实施,大数据将加速从互联网向更广泛的领域渗透。与此同时,数据安全威胁也将全面辐射各行各业。2015 年开年发生的"12306"网站用户信息泄露等多起数据泄露事件,再次给我们敲响警钟,数据资源安全正面临严峻挑战,保护数据安全对数字经济健康发展至关重要。但发展数字经济必然要依靠开放数据、让数据流通起来并产生价值,必须把握好数据安全与数字经济发展之间的动态平衡。

2. 数据安全与数据共享

数据要素的特殊属性,要求加强数据资源的开放共享。数据越多价值越大,越分享价值越大,越不同价值越大,越跨行业、区域、国界价值越大。数字经济的核心是数据,完善数据基础设施建设,提升数据要素价值,推进数据资源开放共享是数字经济发展的关键。数据共享的核心在于让数据高效安全地流通起来,通过流通使数据价值得到充分挖掘,以提升数据使用效率,创新数据使用形式。与此同时,数据安全风险存在于数据产生、存储、分析、共享再到销毁的每一个环节,尤其是数据共享过程中。

3. 数据安全与数据保护

在从数据保护到数据共享融合发展的过程中,需要首先厘清数据保护与数据共享的动态平衡关系,在此基础上应明确政府、平台及第三方在"共建共治共享"理念和进路下对数据共享规则体系建设的重要价值与关键作用。通过对数据共享治理理念、规则及模式的探讨,最终实现"以高水平的数据保护推动高质量的数据共享,以高质量的数据共享激励高水平的数据保护"的数据保护与数据共享的同步融合发展。在现实中隐私保护和开放竞争并非全然对立的关系,隐私也并非数据共享的对立面,而是对数据共享的控制和边界的设置。数据共享是数据保护的价值升华,高质量的数据共享——其前提一定是稳定和安全的,使得受保护的数据高效稳定流转至各主体,使数据价值得以高效释放。在这一过程中,数据共享的纵深发展要求更高水平的数据保护,从实践中倒逼数据保护机制和方式的创新与升级。

二、数据安全的实践及研究现状

(一)数据安全的实践现状

1. 数据泄露风险加大

借助于云计算、大数据、人工智能、物联网、互联网等技术,人类实现了生产生活、消费社交、购物出行、医疗教育、工作娱乐等社会关系的数据化,数据的采集、传输、存储、处理、交换共享变得更加普遍,人类也随之进入大规模生产、运用数据的数字经济时代。譬如,移动智能终端、传感器、智能联网设备的广泛应用,使得人们的一切皆可以被记录,网上浏览记录、浏览时间、浏览地点、购物记录、收藏信息、浏览偏好、运动量、健康状况甚至是记录心情与生活的情绪等信息都可以被转换成数据存储下来。

数据收集来源的广泛与复杂不仅提升了数据的可利用价值,而且增加了数据安全风险,尤其是用户个人信息泄露以及被恶意滥用的风险。据统计,个人信息的泄露在数据泄露中占比很大,在 2017 年达到 49%,差不多有近 100 多亿条的数据造成了泄露①;2020 年 12 月 28 日全球各地共发生了 1673 起数据泄密事故,涉及 7.07 亿条数据记录。近年来随着数据采集、使用的泛化,数据泄露也呈上升态势。

2. 新型网络威胁频发

数据中心、移动智能终端承载大量重要业务数据和用户个人信息,安全地位日益凸显。然而,近年来针对互联网数据中心的攻击日趋增加,2014 年 12 月阿里云称遭遇全球最大规模分布式拒绝服务攻击(DDoS),2015 年年初一家亚洲网络运营商的数据中心遭遇 334 千兆比特每秒的垃圾数据流攻击。同时,侵犯数据安全的恶意应用、木马等日益增多,对用户隐私和财产安全构成极大隐患。2014 年全年,安全企业监测到的安卓用户感染恶意程序达 3.19 亿人次,平均每天恶意程序感染量达到了 87.5 万人次。② 新型网络威胁的技术复杂性和隐蔽性越来越高,危害范围不断扩大。

3. 数据黑产活动猖獗

海量的数据规模、快速的数据流转和动态的数据体系、多样的数据类型赋予数据前所未有的价值,数据成为数字经济的关键生产要素。③ 在利益驱动下,针对用户信息的非法收集、窃取、贩卖和利用行为日渐猖獗,国内倒卖用户信息的地下产业链总规模已超过百亿元。为防范和治理黑客地下产业链,2014 年工信部开展了专项行动并取得一定成效,但同时也面临技术手段多样、涉及环节多、隐蔽性强等执法挑战。

---

① 胡绍勇:《基于 UEBA 的数据泄漏分析》,《信息安全与通信保密》2018 年第 8 期。
② 刘多:《大数据时代数据安全保障的举措分析》,新华网,2015 年 6 月 3 日。
③ 许可:《数据权属:经济学与法学的双重视角》,《电子知识产权》2018 年第 11 期。

4. 数据流动监管困难

数据是最具流动性的基础性资源,数据流动性越高,流动范围越广,数据可资挖掘的价值越大。经济全球化背景下,数据跨境流动成为数字经济时代最重要的特征,并且成为全球经济增长的新引擎。研究表明,2009—2018年十年间,全球数据跨境流动对全球经济增长贡献度高达10.1%。① 日益频繁的数据跨境流动给全球经济增长、就业创造和社会福利带来重要推动力的同时,也日益成为信息主权、知识产权、公民隐私权的重要威胁。由于数据跨境流动可能导致国家关键数据资源流失,各国高度重视数据跨境流动监管这一国际性难题,但目前仍缺乏指导数据跨境流动监管的统一规范和国际规则。

5. 数据开放与保护矛盾凸显

随着智慧城市的建设发展与两化融合的不断深入,以经济和民生需求为导向的数据开放共享需求日益强烈。交通、旅游等机构为优化服务对人群分布和流动数据提出诉求;商业客户为了产品定制和精准营销,需要用户行为特征数据进行决策支撑。目前,数据资源开放共享缺乏统筹有力的管理和安全保障,国家数据资源的开放共享与安全保护已成为长期存在的矛盾难题。

(二)数据安全的研究现状

1. 国内研究现状

在目前的数据安全治理研究中,大部分学者仍以数据权属作为数据安全制度体系构建的理论出发点。针对数据权属,当前学界比较通行的理论是将数据权划分为数据主权和数据权利。数据主权指向公权力,即以国家为中心构建的数据权力,其核心内容是数据管理权和数据控制权。数据权利指向私权利,以个人为中心构建,包括数据人格权和数据财产权。数据人格权主要包括数据知情同意权、数据修改权、数据被遗忘权;数据财产权主要包括数据采集权、数据可携权、数据使用权和数据收益权。目前,学界针对数据权属的理论研究均在此框架下展开,其区别仅在于对权利或权力的具体内涵的论述有所不同。在此基础上,有学者主张,在新基建背景下,数据安全治理本质上就

① 张茉楠:《跨境数据流动:全球态势与中国对策》,澎湃新闻网,见 https://www.thepaper.cn/newsDetail_forward_7333096。

是考虑如何在新型产业发展中实现对公权力和私权利的保护,应从公法、私法两方面出发,兼顾数据权利和数据主权,从权力和权利的类型划分、内容填充、界限划定出发,确定新基建数据安全治理的体系构建。①

　除了以数据权属为基点的分析框架,也有学者从动态的数据运行全周期出发论述数据安全问题。刘露、杨晓雷(2020)认为新基建涉及数据的来源、传输、存储、加工、应用和清理大环节,应从不同环节出发具体论述数据安全,抓住数据生命周期的治理总线,突出端到端的流程把控,从传统"囚笼式管控"转向伴随数据流动"主动防治"的动态思维方式,建立常态化的合规制度,结合数据的生命周期阶段,动态地评估数据的安全问题,建立预警、响应及处理机制。② 桑运昌(2015)针对数据处理环节,认为物联网、云计算等技术对数据安全治理提出了更高要求,包括非结构化数据对大数据存储提出新要求、网络层的安全策略需重点加固、本地策略需升级和数据存储防护措施需完善,应当从监测机制、防范检测、响应水平和处理能力四个方面构建大数据安全的应对策略。③

　也有学者从主体角度出发论述数据安全治理的应对之策。王勇旗(2019)从"5G+人工智能"的具体应用场景出发,认为智能技术的运用使企业或用户搜集、传输、访问和共享利用个人数据更加便捷,应秉持科技为人服务的理念,科技应用以安全为首要原则,在建构个人数据保护模型中,应以立法先行,政府监管和社会监督相配合,行业自律和他律相结合,并加强个人数据在被利用中的自决权,"四维一体"地建构个人数据信息防护平台。④ 田杰棠、闫德利(2020)提出"新基建"的核心在于增强数据存储、传输和计算能力,既是"补短板"又具有"前瞻性",政府应当坚持包容审慎监管以营造适宜创新的土壤,企业应以增强 IT 能力支撑管理型、制造型产业互联网应用的底端基础

① 甄子昊、李耕坤、刘道远:《国家治理现代化视阈下私法调整制度体系完善路径》,《海南大学学报(人文社会科学版)》2020 年第 4 期。

② 刘露、杨晓雷:《新基建背景下的数据治理体系研究——以数据生命周期为总线的治理》,《治理研究》2020 年第 4 期。

③ 桑运昌:《大数据的安全现状与应对策略研究》,《计算机科学》2015 年第 2 期(增刊)。

④ 王勇旗:《"5G+AI"应用场景:个人数据保护面临的新挑战及其应对》,《图书馆》2019 年第 12 期。

层,主动适应"新基建"带来的基础设施条件,升级信息型产业互联网服务。①
王欣亮、任弢、刘飞(2019)指出在精准责任定位基础上构建多元共治体系,是
大数据安全治理的重要基础,强调从政府宏观调控、数据服务主体行为规范、
深化公众在大数据安全治理中的作用三方面出发,精准定位相关主体责任,综
合构建"政府领导+部门管理+企业(组织)履责+公众参与"的多元治理体系,
以有效应对系统性风险。②

也有学者从国际竞争角度出发论述加强国家数据安全治理的重要性。齐
爱民、盘佳(2015)提出数据主权已然是国家主权的一部分,未来战争必将集
中在数据战略的制定和数据资源的掠夺上,数据主权安全既体现综合性又体
现国际性,必须通过加强各国之间的数据安全合作,协商制定共同适用的数据
安全国际准则,最终形成一个长期有效的、具有可操作性的国际数据安全合作
机制。③ 韩伟(2019)指出,涉及公民个体的单个数据,主要涉及隐私等私权,
但海量的经济、社会、地理等数据具有了国家主权的属性,在日益全球化、信息
化的当下,互联网技术发展不平衡助长了网络霸权主义,由于网络的互联互
通,数据安全风险广泛存在于各国。④ 石静霞、张舵(2018)指出跨境数据流动
涉及国家安全问题,我国应在现有法律制度的基础上,进一步完善跨境数据流
动的法律体系同时积极参与国际平台关于跨境数据流动规则的探讨和磋商,
利用多边、双边机制推进发展中国家跨境数据流动机制的建设,以增强在跨境
数据流动领域的国际话语权。⑤ 杨启飞(2021)主张将战略传播的"积极防
御"理念引入数据安全相关研究,结合中国实际确定跨境数据流动监测预警
的类型和层次,如单域控制模式、双域或多域控制模式、全域控制模式、关键核
心数据流动监控模式和外围一般数据流动监控模式等,全面防范跨境数据流

---

① 田杰棠、闫德利:《新基建和产业互联网:疫情后数字经济加速的"路与车"》,《山东大学
学报(哲学社会科学版)》2020年第3期。
② 王欣亮、任弢、刘飞:《基于精准治理的大数据安全治理体系创新》,《中国行政管理》
2019年第12期。
③ 齐爱民、盘佳:《数据权、数据主权的确立与大数据保护的基本原则》,《苏州大学学报
(哲学社会科学版)》2015年第1期。
④ 韩伟:《安全与自由的平衡——数据安全立法宗旨探析》,《科技与法律》2019年第6期。
⑤ 石静霞、张舵:《跨境数据流动规制的国家安全问题》,《广西社会科学》2018年第8期。

动产生的信息安全风险,维护我国的"信息主权"。①

2. 国外研究现状

国外数据产业和数字经济起步较早,但是国外理论界直接对国家数据安全治理研究得较少,多偏重对大数据概念和大数据治理概念进行解释,强调大数据技术及应用研究。桑尼尔·索雷斯(Sunil Soares,2014)认为大数据治理是广义信息治理计划的一部分,即制定与大数据有关的数据优化、隐私保护与数据变现的政策。② 布朗(Brown,2014)提出在大数据的发展过程中,政府治理需不断创新,以实现对公民需求个性化的回应。③ 高德纳(Gartner)公司的梅尔夫·德里安(Merv Adrian)指出由于大数据的存储容量巨大,大大超出传统数据库的处理能力,因此需要在监管上作出相应反馈,调整至合适的监管状态。④ 鲁宾斯坦(S.Rubinstein,2008)认为大数据时代"以数据主体为中心"的规则开始显得过于落后,难以适应当前大数据技术的发展和变化。⑤ 戴维斯·康妮(Connie,2012)认为由于各国大数据技术和能力水平、大数据所依靠的基础设施和软硬件等的不同,"数字鸿沟"挑战也是各国政府开展治理时需要面临和注意的。⑥

在对数据安全治理的研究上,国外目前主要集中于个人、企业等私主体的个体权益保障。奥萨马(Osama)等认为云计算是在租用的基础上通过 Web 向用户提供的一套信息技术服务,具有灵活性、高效性、可扩展性等诸多优点,安全性是阻碍云计算发展的主要挑战之一,主要问题包括云计算服务提供者

---

① 杨启飞:《大数据时代国内信息安全研究:现状、趋势与反思》,《情报科学》2021 年第2 期。

② [美]桑尼尔·索雷斯:《大数据治理》,匡斌译,清华大学出版社 2014 年版,第4 页。

③ Brown, Kimberly N., " Anonymity, Faceprints, and the Constitution ", *George Mason Law Review*, Vol.21, No.2, 2014, pp.409-466.

④ Merv Adrian, "Big Data:It's Going Mainstream and it's Your Next Opportunity", *Teradata Magazine*, No.1, 2011, pp.3-5.

⑤ Rubinstein, Ira S., Lee, Ronald D., Schwartz, Paul M., " Data Mining and Internet Profiling: Emerging Regulatory and Technological Approaches", *University of Chicago Law Review*, Vol.75, No.1, 2008, pp.261-286.

⑥ Powell, Connie Davis, " Privacy for Social Networking", *University of Arkansas at Little Rock Law Review*, Vol.34, No.4, 2012, pp.689-712.

无法提供合格的安全保障水平以及安全保障措施需要覆盖涉及第三方的云计算传播途径,提出可以通过第三方信用机构安全保险的方式来规避安全风险。① 克洛西(Colosio,2010)等提出信息和数据安全是对个人可识别信息的访问进行编码、加密和控制的手段,从而保护机密信息免遭未经授权的使用,数据共享是有限的,能够限制未被授权的数据的使用。② 伊丽莎白·肯尼迪(Elizabeth Kennedy)、克里斯托弗·米勒德(Christopher Millard)(2016)基于对欧盟各国数据安全实践的分析,指出个人数据安全治理遵循多因素认证标准,需要考虑的相关因素包括:(i)技术成本;(ii)数据性质;(iii)处理数据所涉风险;(iv)使用访问控制;(v)密码措施的使用;(vi)技术发展状况;(vii)违反数据安全可能造成的危害。尼尔·D.戈德斯坦(Neal D.Goldstein)、安纳德·D.萨维特(Anand D.Sarwate)(2016)基于对公众健康数据应用场景的分析,提出通过加强多方主体参与来实现数据的安全治理。③ 诺拉·尼·洛伊丹(Nora Ni Loideain,2019)指出物联网的前进预示着一个全方位的数据驱动社会,但是物联网的迅速发展对个人数据和隐私也带来了各种威胁,主要包括:物联网可以使个人的私人生活向不特定多数人开放,而获取者未经授权;物联网分为多个系统,无法实现有效管理,对个人的隐私、数据保护权和公民自由产生威胁;适当的数据安全标准的缺乏,增加了由许多设备组成的更开放的连接系统的安全风险。④ 而欧盟《通用数据保护条例》通过以下措施对数据安全施加了积极影响:一是设置具体的保障措施和程序义务;二是发挥数据

① Naseer, Usama, Benson, Theophilus A., Netravali, Ravi., "WebMedic:Disentangling the Memory-Functionality Tension for the Next Billion Mobile Web Users ", *In Proceedings of the 22nd International Workshop on Mobile Computing Systems and Applications*, Association for Computing Machinery,2021,pp.71-77.

② Fogli,Daniela,Provenza,Loredana Parasiliti,Colosio Sergio, "Metadesigning e-government Services:a case Study in a Local Agency", *In Proceedings of the International Conference on Advanced Visual Interfaces*,Association for Computing Machinery,2010,p.406.

③ Elizabeth Kennedy, Christopher Millard, "Data Security and Multi-factor Authentication: Analysis of Requirements under EU Law and in Selected EU Member States", *Computer Law & Security Review:The International Journal of Technology Law and Practice*,Vol.32,No.1,2016,pp.91-110.

④ Nora Ni Loideain, "Addressing Indirect Discrimination and Gender Stereotypes in AI Virtual Personal Assistants:The Role of International Human Rights Law", *Cambridge International Law Journal*,Vol.8,No.2,2019,pp.241-257.

保护机构的重要作用,监管物联网利益相关者在个人资料方面的处理;三是明确了物联网利益相关者的必要义务,为物联网设备确立了系统有效的标准认证。

三、新基建对数据安全的内在要求

安全是发展的前提,发展是安全的保障,在新基建的环境下,网络安全与发展的核心是数据的安全与发展。根据市场研究机构 Synergy Research 的调查数据,全球顶级云计算服务提供商要想在市场竞争中获得成功,每家公司在基础设施方面的支出至少要达到每季度 10 亿美元的投资水平。而全球数据总量每 18 个月翻番,数据中心建设会跟不上大数据爆发的步伐。我国数据中心市场规模在 2018 年达 1200 亿元,这个数字尽管领先全球同业规模,但相比美国拥有全球 44% 的大型数据中心份额,仍不足其 1/5 体量。在数据发展与安全兼顾的基础上,新基建中的数据安全治理应当着眼于产业本身的发展特点和市场运行状况展开,目前新基建产业和市场发展过程中数据安全方面存在着各类深层次问题和结构性矛盾,必须有针对性地完善制度供给。

首先,在新基建的数据安全治理进程中,必须处理好政府和企业的关系问题,这是我国社会主义市场经济体制发展背景下新基建面临的首要矛盾。新基建一方面需要发挥市场在资源配置上的决定性作用,另一方面又离不开政府的宏观调控。在这个过程中,必须协调好政府与企业之间的关系,既要避免市场局限性所带来的混乱无序问题,又要避免政府过度干预造成的市场活力下降、产业发展停滞问题。具体到数据安全,需要政府与企业多方协调、共同努力,不仅需要加强政府官方的数据安全监管体系建设,还应当加强行业协会数据安全规则体系以及企业自律管理体系建设。充分有效地发挥多元主体在数据安全治理中的作用,有序推进政府监管并调动企业、行业协会的积极性,从而实现政府与市场之间关系的协调健康发展,在提升数据安全治理效率的同时,保障市场的有序运行。

其次,新基建涉及数据的来源、传输、存储、加工、应用、清理等各个环节,不同环节的特性不同,面临的数据安全问题和风险也不一样,因此必须分别制定有针对性的措施。新基建以数据的高效开发和利用为基础,已经逐步形成一个产业链,且其规模不断扩大。这一链条以数据开发和利用的各环节为核心,形成一个庞大的产业体系。数据在开发和利用过程中经历不同节点,不同节点涉及不同的主体,安全保障的技术标准不同,数据的具体存在形态也各异,面临的安全风险与挑战也大相径庭。因此必须坚持整体宏观视野,从产业链全环节出发,针对不同节点制定不同的数据安全治理措施,有针对性地解决不同环节存在的数据安全治理问题,消除数据安全风险。然而目前我国针对数据安全的制度设计仍然处于大而化之的阶段,缺乏对产业链中不同环节的更为细致的关注和规制,导致各类纠纷和矛盾出现且难以有效解决,凸显了加快产业链全周期立法的重要意义。

最后,新基建涉及多方面主体的数据安全,这些主体的数据之间不是孤立而是相互联系的,同时数据安全不仅关涉个人、企业的权益,还关系事业单位、社会团体的利益,更关系政府、国家的安全利益,关联社会稳定与和谐。譬如在2019年年底暴发的新冠肺炎疫情,政府对个人、企业、其他社会组织和单位各类数据的收集,不仅涉及个人、企业的微观私法权益,还涉及其他单位和组织的中观权益,更涉及宏观的国家利益和社会公共利益。新基建作为一项产业革命和社会工程,其所涉数据安全问题牵涉多元主体和多元利益。不同主体对数据安全治理的主观需求和客观标准不同,存在的风险与问题也截然不同,使数据安全治理面临兼顾不同主体和利益的挑战。因此,在新基建的数据安全治理上,必须要针对不同主体的特点,坚持社会发展进程中多元利益的协调,进而确立新基建数据安全治理的制度体系。为此,必须不断完善各类主体数据安全在新基建背景下的规则设计,推动新基建发展成果同时惠及个人、社会和国家。

总之,新基建不仅是提升人民群众基本生活水平的重要组成部分,同时也是带动经济发展的新动能,为我国经济社会发展注入新动力。新基建关系社会各方面的发展,又以数据这一基本要素作为基础,因此新基建中的数据安全治理就关系整个新基建产业发展安全和市场运行安全。必须要在通过数据赋能新基建以推动经济发展的同时,针对经济发展中的具体数据应用场景完善数据安全治理体系建设。

第二节　现阶段我国数据安全面临的法治问题

新型基础设施建设是一组新产业、新市场、新技术、新业态的有机结合,以数据为基石,以技术驱动数据,将产业作为技术赋能的对象,实现产业革命和技术变革,本质上是基础设施建设的数字化。新基建涵盖数据的来源、传输、存储、加工、应用、清理六大生命周期环节,催生了多种新型数据形态和数字数据技术,带来了诸多新业态,其不同产业或应用场景之间又存在数据交互,市场关系错综复杂,多重利益交织。因此,新基建数据安全治理必须从新基建现实出发,满足数据动态发展的需要。

一、数据安全相关法规不健全

中共中央、国务院发布《中共中央　国务院关于构建更加完善的要素市场化配置体制机制的意见》(以下简称《意见》)。《意见》中特别提到,要加强数据资源整合和安全保护。研究根据数据性质完善产权性质。制定数据隐私保护制度和安全审查制度。推动完善适用于大数据环境下的数据分类分级安全保护制度,加强对政务数据、企业商业秘密和个人数据的保护。

事实上,由于近年来数据安全事故频发,国家已先后发布了多项政策法规以保障数据安全。2017 年以来,我国加快了网络安全相关治理和立法工作。如 2017 年《中华人民共和国网络安全法》对个人信息保护作出相关规定;2019 年 5 月,《信息安全技术网络安全等级保护基本要求》《信息安全技术网络安全等级保护测评要求》《信息安全技术网络安全等级保护安全设计技术要求》等一系列"等级保护 2.0"相关国家标准,将大数据安全纳入监管体系;2019 年 7 月,工业和信息化部印发《电信和互联网行业提升网络数据安全保护能力专项行动方案》,将数据分类分级管理进行试点,指导督促相关企业建立内部网络数据清单和数据分类分级管理制度,对列入目录的网络数据实施重点保护等。此外,2020 年 1 月 1 日《中华人民共和国密码法》正式施行。国家对密码实行分类管理,密码分为核心密码、普通密码和商用密码。其中商用密码用于保护不属于国家秘密的信息,公民、法人和其他组织,可以依法使用商用密码保护网络与信息安全。2020 年 1 月 17 日至 18 日,中央政法工作会议强调,要把大数据安全作为贯彻总体国家安全观的基础性工程,依法严厉打击侵犯公民隐私、损坏数据安全、窃取数据秘密等违法犯罪活动。此外,2021 年 6 月 10 日通过的《中华人民共和国数据安全法》作为数据领域的基础性法律,也是国家安全领域的一部重要法律,于 2021 年 9 月 1 日起施行。

总体来看,目前我国针对数据安全出台了一些立法,譬如《中华人民共和国网络安全法》《中华人民共和国电子商务法》以及《中华人民共和国数据安全法》等,传统法律譬如《中华人民共和国民法典》《中华人民共和国反垄断法》中也增加了一些对数据方面的规定。但是这些法律法规总体上仍是从传统的公法、私法或是新型的社会法等单一视角来处理数据安全问题,且在规范内容上以原则性规定为主,体系构筑上也存在逻辑或整体性问题,因此并不能很好地适应数字产业和数字经济发展的现实需要。

二、数据安全监管机制不完善

目前,我国新基建处于初创阶段,各方面实践均处于摸索之中。对新基建的数据安全治理,需要政府发挥宏观意义上的监管作用。政府监管在本质上是处理好政府与市场的关系问题。一方面,充分发挥市场的决定性作用,只有让市场在资源配置中发挥决定性作用,才能够充分激发市场活力,带动经济发展;另一方面,市场作用的发挥离不开有效政府的存在,社会主义经济社会发展必须以促进社会公平正义、增进人民福祉为出发点和落脚点,市场具有的自发性、盲目性、滞后性等先天缺陷和资本自身的逐利性,决定了政府需要适度介入。然而政府监管面临着两难问题。

(一)数据安全监管机构不明

基于数据来源的广泛性、复杂性,对于数据的安全监管也呈错综复杂之势。我国目前尚未设立统一的数据安全监管机构,对数据安全的监管主要由各部门自行制定规则进行监管。表 6-1 是中央各部委在数据安全方面的规则制定情况。

表6-1　我国各部委关于数据安全方面的规则制定及数据监管情况

序号	部委	规则制定及数据监管情况
1	国家发改委	印发《关于推进全国发展改革系统大数据专项工作的指导意见》
2	国务院办公厅	《国务院办公厅关于印发科学数据管理办法的通知》
3	公安部	组建全国公安大数据工作领导小组,全力实施公安大数据战略
4	国安部	组建国家安全部大数据中心
5	司法部	启动全国司法大数据平台建设
6	财政部	启动全国财政大数据平台建设规划
7	人社部	启动人社部大数据分析决策指挥中心建设
8	环境保护部	印发《生态环境大数据建设总体方案》
9	交通运输部	印发《关于推进交通运输行业数据资源开放共享的实施意见》;印发《推进综合交通运输大数据发展行动纲要(2020—2025年)》
10	水利部	印发《关于推进水利大数据发展的指导意见》
11	农业农村部	印发《关于推进农业农村大数据发展的实施意见》
12	商务部	启动商务大数据应用服务平台建设
13	国务院办公厅	印发《关于促进和规范健康医疗大数据应用发展的指导意见》
14	应急管理部	启动应急管理部应急管理大数据应用平台建设
15	审计署	启动建设国家审计数据中心
16	国资委	启动建设国资委国有企业大数据综合监测分析系统
17	海关总署	建成全国海关信息中心海关大数据云平台
18	税务总局	建成税务总局、省税务局两级税收大数据平台,成立社会保险司、税收大数据和风险管理局
19	国家广播电视总局	印发《关于促进智慧广电发展的指导意见》,推进广电大数据中心建设
20	国家统计局	成立国家统计局数据管理中心

　　从表6-1可以看出,就顶层设计而言,目前对数据安全的保障仍然是以中央各部委自行监管为主,均有管理本部门数据制定规则和设置本部门数据监管机构的权力。目前各部委的数据监管呈现出以下特点:一是以监管本部门数据为主,其数据治理的对象主要是本部门在行政管理过程中所产生或获取的数据或者是所监管的行业和产业数据。二是具有较强的独立性,各部门独立开展数据治理工作,不同部门之间缺乏协调,尚未出现多部门之间共同出

台数据治理规则或者共同设立数据平台的情况。三是中心化,多数部门设立专门的数据平台或者机构,将其作为本部门数据的集散中心,实现本部门数据的集中。

除了中央部委的分散监管问题外,地方也存在类似问题。由于缺乏统一的数据安全监管机构,在数据安全的中央与地方关系上,也同样是以地方监管为主。目前已有 25 个省级地方成立大数据管理机构,在数据安全治理的地方实践中,各地方纷纷出台规则,设立本区域内的数据治理机构,负责本区域内的数据治理工作。表 6-2 是目前各地方数据监管机构的设置情况。

表 6-2　各地方数据监管机构的设置

序号	单位名称	隶属机构	机构性质
1	北京市经济和信息化局	北京市人民政府	原有政府机构加挂牌子
2	天津市大数据管理中心	中共天津市委网络安全和信息化领导小组办公室	新组建事业单位
3	上海市大数据管理中心	上海市政府办公厅	新组建事业单位
4	重庆市大数据应用发展管理局	重庆市人民政府	新组建政府机构
5	河北省大数据中心	河北省工业和信息化厅	原有事业单位
6	山西省行政审批服务管理局(省政务信息管理局)	山西省人民政府	新组建政府机构
7	辽宁省信息中心	辽宁省人民政府	统筹整合省级主要事业单位后新组建
8	吉林省政务服务和数字化建设管理局	吉林省人民政府	新组建政府机构
9	黑龙江省政务大数据中心	黑龙江省营商环境建设监督局	新组建事业单位
10	江苏省大数据管理中心	江苏省政务服务管理办公室	新组建事业单位
11	浙江省大数据发展管理局	浙江省人民政府办公厅	新组建政府机构
12	安徽省数据资源管理局(安徽省政务服务管理局)	安徽省人民政府	新组建政府机构

续表

序号	单位名称	隶属机构	机构性质
13	福建省数字福建建设领导小组办公室（福建省大数据管理局）	福建省人民政府	原有政府机构加挂牌子
14	江西省信息中心（江西省大数据中心）	江西省发改委	原有事业单位加挂牌子
15	山东省大数据局	山东省人民政府	新组建政府机构
16	河南省大数据管理局	河南省人民政府办公厅	新组建政府机构
17	湖北省政府政务管理办公室	省政府办公厅	新组建政府机构
18	广东省政务服务数据管理局	广东省人民政府办公厅	新组建政府机构
19	海南省大数据局	海南省政府	新组建法定机构
20	贵州省大数据发展管理局	贵州省人民政府	原政府机构（贵州省公共服务管理办公室）更名
21	陕西省工业和信息化厅	陕西省人民政府	原有政府机构加挂牌子
22	内蒙古自治区大数据发展管理局	内蒙古自治区人民政府	新组建事业单位
23	广西壮族自治区大数据发展局	广西壮族自治区政府	新组建政府机构
24	四川省大数据中心	四川省政府	新组建事业单位
25	云南省数字经济局	云南省政府	新组建政府机构

资料来源：各地方政府网。

（二）数据安全监管边界模糊

新基建产业和市场的健康发展，需要政府的监管。作为一种产业和市场，新基建数据安全具有公私利益交融的特性，同时还要考虑产业发展和市场运行自身的规律与现状。如果政府监管范围过宽、权力过大，则对市场产生不适当的干预行为的风险概率就会增加，行政权力的滥用会导致市场活力下降，效率下跌，影响数据对新基建的赋能；如果政府监管过窄，则企业在进行新基建项目建设时，基于逐利性，则会出现数据不正当竞争行为，从而损害市场竞争秩序，不利于新基建的持续推进。

由表6-1和表6-2可以看出，当前我国数据监管机构的设置存在如下特点：一是层级不同，有中央各部委，有的属于省政府主管，有的隶属办公厅、发改委、经信委等职能部委，有的属于政府机构，有的属于事业单位；二是管理范围不同，有些机构的监管范围包括本部门、本区域内的整个数字产业和市场，有些则仅限于政务数据；三是设立的价值取向不同，从名称上就可以看出，某些机构设立的宗旨以发展为核心，强调数据产业效率的提升，而有些则以安全为主，强调数据产业和市场秩序的稳定；四是具体的运行规则各异，不同的数据监管机构在具体的权责范围和行使机制上各有差异。

　　各部门分工不同，所涉数据内容和特性不同，随着新基建的发展，这种分散监管的体制则会存在以下问题：一是新基建推动数据流动性的增强，数据的加快流动使数据安全治理往往牵涉多个部门，当需要多个部门进行协作、共同进行数据安全监管时，这种分散监管的体制需要费时费力地去进行多部门的协调，难以实现有效监管；二是各部门的规则之间存在相互重叠和相互矛盾的问题，如何实现各部门数据安全规则的协调，形成一个互不干涉、有机联系、共同增效的部门数据安全规则体系，是一个难度较大、成本较高的问题；三是各部门的监管范围不清，譬如对同一数据行为，几个部门可能都有监管权力，但是其具体的负责内容可能并不一样，然而目前对不同部门之间的权限划分尚缺乏具体规则，导致不同部门之间在监管上缺乏协调，对某些事项可能多个监管部门"抢着管"，而对另外一些事项则可能"都不管"。如此一来，就会阻碍新基建的跨区域展开，对数据在不同区域间的流动产生实质性的障碍，严重阻碍数据价值的充分实现，并进而产生地方保护主义之弊。

三、数据安全市场自治不规范

　　现代化国家治理体系的建设和社会主义市场经济体制改革的推进都需要协调好政府与市场的关系，新基建的数据安全治理也必须坚持政府和市场的共同协作。就新基建而言，强化政府对数据安全的监管是为了规避市场自身的局限性，但是数据安全治理的终极目的是推动新基建产业和市场的进步，故而对数据安全的治理还需要从市场层面出发，充分发挥市场的自治作用，进而与政府形成合力，通过政府和社会市场的交互，实现多方利益关系达到最佳均衡，在维护社会秩序的同时实现产业和市场的健康发展，最终实现新基建的有效开展。

（一）企业自治不规范

作为市场最有效主体的企业,其最核心的社会责任就是提供合格的产品和优质的服务,以及按照法律法规从事生产经营活动。企业自治,首先是自证合规。主动公开经营过程中涉及产品及服务品质的证据信息,证明提供的产品或服务是有价值的,以获得消费者的认可,从市场中获利;公开责任转移证据信息及行为合规证据信息,证明经营行为的合规性,主动接受社会监督和政府监管。其次是自控合规。企业通过各种技术或管理手段,对生产经营活动的规范性和产品服务质量进行管控,一方面保证提供的产品是合格的,服务是优质的;另一方面保证产品和服务是严格按照相关规范进行生产、流通、销售和提供,同时在自控合规的基础上,实现合规证明信息的公开公示。

但目前企业数据安全自治存在以下问题:一是缺乏明确的制度规范。企业自治同样也需要遵循一定的规则,然而目前针对企业数据自治过程中的标准、内控机制设置、权利义务承担,缺乏国家层面或者行业层面系统完整的制度约束。二是缺乏激励机制。企业的数据安全自治需要支出一定成本,会压缩企业的盈利空间,因此需要政府或者行业组织给予一定的激励,以增强企业保障数据安全的积极性,但就当前情形而言,尚未建立数据安全治理的经济激励机制。

（二）行业自治不完善

现代西方社会治理理论认为,随着公共利益的多元化和公共事务的复杂化,政府作为对公共事务的唯一管理主体已日渐显得力不从心,所以应根据不同类型和不同特点的公共事务实行不同主体治理原则,对不同实施主体进行科学定位、合理分工。除了政府之外,非营利组织和私营部门等公共行为主体也应承担起对公共事务管理的责任,并且它们只要得到公众的认可,就可以在各自不同的自治系统中构成公共权力中心。新基建涉及能源、交通、电信、互联网等多个行业,需要不同行业组织加强对本行业和产业部门的自治管理,同时还需要不同行业组织之间加强协作。

当前,我国行业组织在数据安全治理方面仍存不足,主要表现在以下方面:一是在数据安全治理的执行层面。数据安全治理原则上需要通过标准化组织建立统一的标准体系来进行规制,然而实践中却存在缺乏统一的术语标准,缺乏跨行业的技术标准和通用的基础标准,使得数据流通不畅;行业智能化水平发展迅速,但行业标准指导、规范和安全要求制定流程较长,无法及时跟进等问题。二是针对数据行业和市场的行业组织数量还太少,目前仅有互联网协会、计算机协会、标准化协会等少数几个协会对数据安全治理进行行业自律监管,设置行业自律规则,这与新基建快速延伸的现实不相适应,难以应对不断涌现的各种新业态。三是区域行业组织分立,难以有效协调。新基建中某些大中型项目横跨多个行业领域,而目前缺乏一个有效的行业协调机制,阻碍新基建的纵深展开,不同行业分别制定自身规则,对本业内数据安全确立不同制度,又缺乏有效的联系沟通,不同行业之间的监管机构如何衔接,也成为一个亟待解决的问题。

第三节　新基建驱动下数据安全发展治理路径

目前,世界上主要国家和地区均已出台数据安全立法,形成了各级各类法律法规并行的综合性、常态化法治体系。近年来,我国高度重视数据安全,相继出台《全国人民代表大会常务委员会关于加强网络信息保护的决定》《电信和互联网用户个人信息保护规定》《中华人民共和国数据安全法》《中华人民共和国个人信息保护法》等法律法规以及多部涉及数据保护的部门规章,发布国家和行业的网络个人信息保护相关标准,例如 2020 年 11 月 26 日,电信终端产业协会发布《APP 收集使用个人信息最小必要评估规范总则》,指出 APP 收集使用个人信息最小必要评估标准,并且在国家和行业层面开展了以数据安全为重点的安全防护检查,取得一定成效。总体来看,我国数据安全单行立法缺失、组织保障机制不畅、数据分类标准不足、协同治理能力不强、数据安全评估不够等问题突出,数据安全保障能力亟待进一步提升。因此,应从当前面临的数据安全挑战出发,多管齐下,多措并举,构建全面的数据安全保护体系,着力提升数据安全保障能力。

一、基本原则:发展与安全并重

新基建中的数据治理应当遵循发展与安全兼顾的基本原则和大方向。一方面,数据作为生产要素和新型资源,具有显著的可利用价值,能够对经济发展、社会治理、科技进步、文化繁荣等各个方面发挥重要推动作用;另一方面,数据本身作为个人、企业、政府信息的载体,关系个人和企业的权利,又关系国家和社会的公共利益。在新基建推进过程中,不仅应关注数据开发与利用的效率,还需要兼顾数据权益的保障以及国家和社会利益的保护,强化数据安全的保障,在数据发展与安全之间寻求平衡点,在提升效率的基础上保障安全,在维护安全的前提下促进数据发展,从而推动数据安全在新基建中的有效实现。

二、基本路径:整体推进与重点突破

数据是新基建发展的"土壤",共性基础设施建设促进了产业间数据的密切交互,也带来了海量化、耦合化的数据形态,传统"囚笼式"的数据规制方式已无法满足新基建数据动态发展的需要。① 通过对当前我国数据安全发展面临的法治挑战、国外制度的发展现状和共同特点进行分析和总结,有助于我国更好地进行数据安全制度建设,为新基建奠定基础。同时在借鉴域外经验的过程中,秉持"以我为主、为我所用"的原则,结合我国的国情传统和发展现实,结合新基建背景,构建具有中国特色的数据安全治理体系。具体而言,一是要尽快完善数据安全配套法规;二是要加快建立统一的数据安全监管部门;三是要细化数据安全分类标准;四是要加强数据安全协同治理;五是要促进数据跨境流动合规评估。

(一)完善数据安全配套法规

综观世界上几个主要国家和地区,均已出台专门的数据安全立法,在一部数据安全基本法的基础上,通过其他各类法案的补充和完善,形成了上下位阶法律之间逐渐细化、同位阶法律之间相互补充的完整法律体系。我国数据安全治理目前处于起步阶段,数据安全法律法规尚在配套完善之中,难以对新基建产业和市场产生有效的规范和保障作用。因此,应当考虑新基建发展现实,在兼顾安全与发展的基础上,形成针对新基建相关数据行业与市场运转的有

---

① 刘露、杨晓雷:《新基建背景下的数据治理体系研究——以数据生命周期为总线的治理》,《治理研究》2020 年第 4 期。

区别但又公平的规定,确立全国统一基建数据安全的平台建设、管辖归属、技术标准、行业门槛、交易规则、责任认定、跨国流通等方面制度,消除地区、部门、产业之间不合理的障碍,推动数据安全国家体制的形成。

具体而言,一是加快数据安全立法进程,明确数据保护的对象、范畴和违法责任等,制定关于数据开放共享和跨境流动监管的法律条款。二是拓宽现有法律的调整范围,将工业互联网、云计算等新技术新应用场景下的数据保护与数据安全纳入法律调整范畴。例如,在立法的具体内容上,结合产业周期与市场现状,划分不同类型数据及相关行为,综合考量多元主体和复杂利益,在倡导创新的前提下,提出数据安全保护原则,在原则指导下明确不同环节、不同主体、不同行为、不同数据的安全保障标准和要求。同时针对日益频繁的国际数据流动活动制定了一系列标准和规则,在保护本国数据安全的基础上力争在国际数据格局的形成与发展中占得先机。

(二)组建数据安全监管部门

数据安全治理离不开政府的监管,而政府的监管又需要构建权责统一明确、结构完整清晰的监管机构体系。世界上主要的国家和地区均已自上而下建立从中央到地方、涵盖社会各部门的专门数据安全保护机构,形成完整的国家数据安全机构设置体系,并且通过各类法案明确了数据安全监管机构的权力和责任,划清了不同机构和部门之间以及政府与个人、企业之间的界限,在保障数据安全的基础上,又防止了公权力的滥用。此外,还规定了政府监管机构在执法过程中与司法机关之间的衔接程序,保证了整个体系的整体性和协调性。

新基建涉及较为复杂的数据应用场景和更为高精尖的技术,对监管机构的专业性、精准性和有效性提出了更高要求。因此,应当考虑设立数据安全专门机构进行统一监管。在机构设置上,应当构建从中央到地方的完整体系,强化对新基建的国家统一治理,将政府监管的力量有效传导至各地区,同时加强与其他部门的协调,构建部门交流共享机制,防止地方保护主义和部门保护主义;在职权赋予上,应当明确专门监管机构的执法权具体内涵、法律责任和监管范围,做到权责统一明确、执法坚决有效。只有通过高水平的执法监管,才能实现数据的高水平利用,也只有高水平的共享利用才能倒逼数据安全深化改革,确保数据流通共享的同时实现对数据的安全保障。例如,可以借助数据交易中心的建设,建立数据安全监管平台,数据交易中心旨在规范数据交易行为,促进数据有序流通;数据安全监管平台则着重关注数据和数据交易过程的合规性,包括数据本身合规与否、数据交易主体合规与否、数据交易入场与出场行为合规与否,采取一个数据交易中心对应一个数据安全执法监管子平台,并在全国架设统一监管中心,综合实现对数据全周期监控和实时预警等。

(三)细化数据安全分类标准

数据安全标准的制定对于新基建具有指引意义,不仅能够促进国内新基建的加速发展,同时也有助于抢抓国际数据竞争制高点。譬如美国之所以在全球数据竞争中占据主导地位,其中一部分因素要归功于美国掌握着大部分数据安全标准,他国在数据安全体系建设过程中必须借助美国的数据安全标准,从而强化了美国在国际数据格局中的主导地位。数据安全标准并非只有一种模式,美国标准也不是放之四海而皆准的真理。

数字产业日新月异的发展为数据安全标准的多元化奠定了基础,中国作为数字产业大国,在数字经济由"大"变"强"的过程中,也应当建立中国标准,争取国际话语权。具体到新基建而言,新基建催生了多种数据应用视阈或场景,对数据安全技术标准产生了不同要求。新基建所带来的技术进步也为不同的数据安全标准的设立提供了客观条件。因此,应当在新基建发展过程中,统筹规划数据安全相关标准制定,积极开展通用和专用的数据安全标准研发,以技术为依托,加快基础理论研究和场景实践应用,结合不同分支产业发展要求,制定新型数据安全标准以适应新基建。

(四)加强数据安全协同治理

数据并非静止而是处于不断流动之中,国外立法已经出现针对数据流转全周期过程中各环节主体权利义务的具体规定。按照数据流转环节的不同可以将产生或持有数据的主体分为数据原始提供者、数据控制者、数据处理者和数据使用者。数据控制者包括个人、企业、各类社会组织和事业单位以及国家机关。数据流转过程牵涉不同的数据控制者,不同数据控制主体的数据权益要求不同,所应承担的安全保障义务的内涵和程度也因具体的环节状况不同而相异,因此必须针对数据控制主体确定安全权利和义务,以细化数据安全的具体内涵。可以参考 GDPR 的规定,从对象、行为、意思等要素出发,坚持列举式和概括式相结合的规范形式,明确各主体在数据的收集、记录、存储、修改、处理、流转、消灭等环节的权利与义务,为新基建过程中主体权益的保障确立根基。

(五)统筹数据跨境合规评估

数字经济的全球扩张和深度发展,促使跨境数据流动日益频繁。网络虚拟空间的国际扩展以及数据的无限增长与极速传播,导致数据风险的跨境传导,对国家数据安全形成冲击。而今各国聚焦跨境数据流动的安全性,竞相实施数据中心本地化、云服务器本地化、数据境内存储等"数据驻留"举措,通过各种政策和法案加强本国数据安全保障,并对他国的数据流动行为加以严密监管。譬如美国制定国家数据战略,从数据分级分类、国家监管体系建设两方面出发,不仅保护其国内数据安全,同时也通过加强数据产业的国际输出并限制他国数据的行为,维持其数据霸权地位。近年来国家数据争端频发,凸显了加强数据安全保障的重要性。

新基建同样涉及数据的跨境流动。一方面,新基建需要吸纳境外数据为己所用,从而实现项目建设、业务设置的合理化和市场利益的最大化;另一方面,新基建产业需要走出国门,参与国际贸易和国外产业建设,在此过程中也在向外输出数据。故此,应积极面对数据安全治理的国际化趋势,应对西方国家对中国等广大发展中国家在数据竞争方面的压制,从国家安全、国家战略资源的高度定位数据安全,强化数据战略统筹,从数据主权的内涵、行使、国际衔接等方面出发,加强数据跨境流动的基础设施、影响评估、监测预警、应急处置、管辖原则、国际协调等方面的体制机制建设,制定通信、金融等重点行业的关键数据和用户信息的跨境流动监管政策,强化数据安全相关检测与评估,推动开展数据跨境流动安全评估,推动立法规范我国公民个人信息的境内存储,积极参与国际规则的制定,提升我国在数据保护领域的话语权,为我国开展数据安全保护营造良好的国际环境,积极保障国家总体数据安全。

后　记

在跌跌撞撞和忐忑不安中完成了书稿,心中没有丝毫的愉悦和解脱。回想一年多前出版社编辑邀约时的"豪情"应诺,现在难免有些"懊悔"。在踌躇满志中,不断地问自己"能不能交,写明白了吗",答案是不确定的。对"新基建与数据治理法治化"一题,自己是非常感兴趣的,认为这是理论界和实务界亟须回应的,当然,也是近五年来自己带领团队成员,努力实现政产学研贯通积极尝试的体现。

当前,由于对新基建中数据应用场景了解得不是很充分,相关理论研究还有待深入,致使该问题短期内大多呈现为一种现象谈论,难以准确地发现、挖掘、预判未来真实场景下的问题,有点雾里看花、隔靴搔痒之感。然而,这并非指我们现在讨论的是一个虚拟问题,虽然该问题与虚拟空间的建设与发展密不可分。

客观上讲,目前理论界和实务界已做了不少研究和实证工作,取得了较为显著的进展,譬如,2021 年 1 月 1 日《中华人民共和国民法典》的正式实施,2021 年 9 月 1 日《中华人民共和国数据安全法》的正式实施,都积极回应了当前数据治理过程中社会各界关切的重要问题,并为此提供了基本的法制框架和实施路径,值得充分肯定,然而,这些重要的法治进展距新基建发展的现实需求尚有距离,还需进一步澄清和明确。正是站在这一维度上,自己认为提交出版,亦未尝不可,至少能引发对新基建中数据治理法治化这一主题的讨论甚或争论,提供参考和批评的对象,即便是最为严厉的批评也是对拙作价值的一种"肯定"。学术研究总是需要基于一定的理论假设而展开,哪怕最后彻底抛弃了原初的预设和论证,给自己带来质疑、批评甚或嬉笑。

新基建与数据治理法治化

立足新发展阶段,运用新发展理念,构建新发展格局,新基建顺应"三新"时代的发展要求,加快建设步伐,不仅推动产业发展的格局、思路、模式、技术的迭代与升级,更是促进经济社会治理架构、理念、原则、方法的优化与革新,新基建带来的不仅是物质生活层面的极大满足和提升,同时也会更新社会各界人士和广大民众的思维和认知,在推进产业升级发展的过程中变革治理理念与模式。特别是在百年未有之大变局的影响下,新基建的蓬勃发展成为我国应对挑战,回应时代需求的关键事业,其中以数据流动和开发为核心的新基建已经成为拉动新发展格局建设,打造数字经济与实体经济融合发展的关键设施,其也是持续保持和进一步扩大我国在数字经济应用领域全球领先优势的基础平台和核心设施,尤其是在互联网流量红利接近峰值,数据成为最重要的创新型全要素的场景下,以数据驱动新基建的创新发展已成为时代主题,是我国经济社会发展的必由之路。

然而,由于新基建事业起步不久,涉及面广,变化速度快、形态多、问题繁,在研究和总结新基建中数据治理问题时,仍然只是处于"盲人摸象"的状态,很多问题的提炼和总结仍然停留在现象观察上,缺乏系统的专门性、专业性的研究,对在新基建中由技术应用和创新所引发的数据治理问题,尚未予以充分把握,尤其是对那些具有动态性、系统性、工程性的问题,还需要假以时日跟踪观察,方可得出客观准确的答案。为此,我与团队的博士后赵青博士、程前博士,以及博士生徐文、马贤茹、胡珍等,多次讨论如何设定相关主题及章节,将哪些内容保留,哪些内容暂时不纳入,最终形成了现在呈现的六章,包括一般理论、权属治理、竞争治理、绿色治理、跨境流动治理以及安全治理,基本上涵盖了新基建中数据运行的全周期、全场景及全价值。在这一过程中,升华了亦师亦友的深厚情谊,深深感谢他们的付出。

拙作是入职南开大学法学院以来的第二本著作,相较于首部论文集而言,在选题、结构、逻辑、体例及书写上有了改进,主要体现在聚焦为一个相对小的主题,而非以论文集的形式论及整个互联网经济发展的宏观和中观面向,这或许能够让读者更加清晰和透彻地了解拙作努力探讨和解释的数据治理法治化问题。当然,拙作仍不能说达到了自身期望的水平,一是囿于现实的素材尚未完备,更多的新基建场景在不断涌现,其中有关数据治理的挑战还需要进一

— 176 —

步观察、提炼及总结。其中,有些挑战可能是需要通过技术的更新和创新予以解决,现在可用的方法和有效的治理手段尚不能满足需要,至多是维持现有的状态;而有些挑战是可以通过法制优化和治理革新予以应对的,这就需要加大对现实需求的理论研究投入,将理论研究植根于现实实践,通过制度创新和机制改革释放法治的功能和力量,以此实现对新基建中数据价值的保护、挖掘、开发及创新。正是基于此考量,希望能在有限的知识储备和研究经验下,探寻法治回应新基建发展需求的可能性及实现路径。二是囿于自身的知识结构和研究能力,难以驾驭"科技与法治"交互这一研究主题。作为一名法学研究人员,时常也会参与法律技术的使用,然而,面对新基建所涉及的七大领域,以及各领域内的数据采集、清洗、分析、使用、流动、分享、挖掘、封存、销毁等数据全周期的相关行为,所带来的数据分级分类、数据权益配置、数据市场竞争、数据绿色发展、数据跨境流动及数据安全等问题,明显感觉知识匮乏、眼界狭窄、研究乏力,为此,必须加紧学习和理解新基建下的各种新技术、新业态、新应用,只能在学习中慢慢提升研究能力,提高研究水平,希望久久为功,善作善成。

拙作的完成得益于国家社科基金后期项目、教育部高校人文社会科学重点研究基地重大项目、天津市哲学社会科学基金重点项目、天津市教委社会科学研究重大项目,以及腾讯科技(深圳)有限公司、支付宝(杭州)信息技术有限公司、北京字跳网络技术有限公司等委托项目的资助,以及南开大学文科发展基金智库研究项目的资助。

对于拙作最终能够付梓,特别感谢人民出版社编辑孟雪老师的帮助和信任。从一年前选题申报、签订合同到现在已经一年有余,在这一过程中孟老师一直耐心指导、悉心帮助,给予了充分的时间和空间,让我有机会慢慢地做起来。虽然,内心不时会感到焦虑与不安,不知何时能够交稿,也有过放弃的想法,但是,在孟老师的鼓励和支持下终于拿出了一份不是很成熟的初稿,通过多次沟通终成此作,不当之处敬请各位读者批评指正,定当在后续研究中予以更正和完善。值得感谢的人太多,在此就不一一列出了,留在心里默默祝福!

书首先是写给自己的,是对一个阶段的理论思考和实践探索的呈现,也是对自身学习、工作及生活的一个总结,好不好很难说,这是一个价值评价,然而,沉不沉可以感知,这是一个事实判断,努力了结果就不再那么重要！放下它,才能看得更宽更远。期待各位读者的宝贵意见和建议,以期在关注和批评中不断完善!

陈　兵

天津·景尚花园

2021 年 6 月

责任编辑：孟　雪
封面设计：刘　哲
责任校对：周晓东

图书在版编目（CIP）数据

新基建与数据治理法治化/陈兵 著. —北京：人民出版社，2022.1
ISBN 978 - 7 - 01 - 023946 - 0

Ⅰ.①新… Ⅱ.①陈… Ⅲ.①信息经济-基础设施建设-研究-中国
②信息经济-数据管理-研究-中国　Ⅳ.①F492.3②TP274

中国版本图书馆 CIP 数据核字（2021）第 229648 号

新基建与数据治理法治化

XINJIJIAN YU SHUJU ZHILI FAZHIHUA

陈 兵 著

人民出版社 出版发行

（100706　北京市东城区隆福寺街 99 号）

北京汇林印务有限公司印刷　新华书店经销

2022 年 1 月第 1 版　2022 年 1 月北京第 1 次印刷
开本：710 毫米×1000 毫米 1/16　印张：12
字数：184 千字

ISBN 978 - 7 - 01 - 023946 - 0　定价：45.00 元

邮购地址 100706　北京市东城区隆福寺街 99 号
人民东方图书销售中心　电话 （010）65250042　65289539